Mel Bay Presents

Right-Hand Studies for Five Fingers

Estudios para los cinco dedos de la mano derecha

by (por)

CHARLES POSTLEWATE

Companion book and recording: *Homage to Villa-Lobos, and Other Compositions* – Music for solo guitar using five fingers of the right hand, composed, transcribed, arranged and edited by Charles Postlewate (MB98711 and MB98711CD).

Libro y grabación de acompañamiento: *Homenaje a Villa-Lobos y Otras Composiciones* – Música para la guitarra usando los cinco dedos de la mano derecha, compuesta, transcrita, arreglada y editada por Charles Postlewate (MB98711 y MB98711CD).

Cover art: *Guitarist Charles Postlewate* (computer colorization) by Don Smith, Charter Art, Arlington Texas.

1 2 3 4 5 6 7 8 9 0

Visit us on the Web at www.melbay.com — E-mail us at email@melbay.com

Charles Postlewate

Charles Postlewate began studying the guitar at age 12 with Lloyd Hazelbaker but received his first college education as a cooperative engineering student for Buick Motor Division at General Motors Institute (now Kettering University) in Flint, Michigan. During his final years of engineering studies at GMI, he studied jazz with Bob Brown and played electric guitar in jazz bands in the Flint and Detroit areas. He graduated with a Bachelor of Mechanical Engineering degree in 1964 and continued to work for Buick for two more years to save up enough money to study music at Wayne State University, in Detroit, Michigan. He was a theory/composition major who switched to classical guitar performance and received the first Bachelor and Master of Music degrees (1969 and 1973) in guitar performance in the school's history, studying with Joseph Fava. His further studies on classical guitar include masterclass performances for Michael Lorimer and Oscar Ghiglia as well as occasional private lessons with Lorimer. As part of his graduate studies at WSU, Postlewate developed and taught classes in ensemble, literature, pedagogy, harmony and improvisation for the guitar. He has performed solo, chamber music, and concertos with orchestra in concerts across the United States, Canada, Mexico, Peru and the Caribbean. He has recorded three albums and three CDs, to critical acclaim, for Prism Studios and his latest CD, *HOMAGE TO VILLA-LOBOS*, is the result of a 14 year research project to incorporate the little finger into the right hand technique of the classical guitar.

Postlewate is a founding member of the Guitar Foundation of America and has published feature articles in their quarterly journal, *Soundboard*, as well as in *Guitar International, American String Teacher* and *Guitar Player Magazine*. He is presently Associate Professor at The University of Texas at Arlington. Visit his website at www.charlespostlewate.com.

Charles Postlewate empezó sus estudios de la guitarra a los 12 años con Lloyd Hazelbaker, pero recibió su primera preparación universitaria como estudiante de ingeniería para La División de Buick en General Motors Institute (ahora Kettering University) en Flint, Michigan. Durante sus últimos años como estudiante de ingeniería en GMI, estudió jazz con Bob Brown y tocó la guitarra eléctrica en bandas de música jazz en Flint, Detroit y sus alrededores. Se graduó con un Bachelor en ingeniería mecánica en 1964 y continuó trabajando para Buick por dos años para ahorrar suficiente dinero para estudiar música en Wayne State University, en Detroit, Michigan. Empezó con una concentración en teoría/composición y durante su último año la cambió a guitarra clásica. Estudió con Joseph Fava y recibió los primeros títulos de Bachelor y Master de Música en guitarra (1969, 1973) en la historia de la universidad. Ademas, sus estudios de guitarra clásica incluyen clases de maestro, interpretaciones para Oscar Ghiglia y para Michael Lorimer, y alguna que otra clase particular con Lorimer. Como parte de sus estudios graduados en WSU, Postlewate desarrolló y enseñó clases de conjunto, literatura, pedagogía, armonía e improvisación para la guitarra. Ha interpretado solo, música de cámara y conciertos con orquesta en los Estados Unidos, Canadá, México, Perú y el Caribe. Ha grabado tres álbumes y tres discos compactos, muy favorablemente acogidos por la crítica, para Prism Studios. Su último disco compacto, *HOMAGE TO VILLA-LOBOS*, es el resultado de un trabajo de investigación de catorce años para incorporar el dedo meñique a la técnica de la mano derecha de la guitarra clásica.

Postlewate es uno de los miembros que fundaron Guitar Foundation de América y ha publicado artículos en su revista trimestral, *Soundboard*. Además ha publicado artículos en *Guitar International, American String Teacher* y en *Guitar Player Magazine*. Actualmente ocupa el cargo de Associate Professor en La Universidad de Texas en Arlington. Visite su página en la red: www.charlespostlewate.com.

FOREWORD

(PRÓLOGO)

Whenever new ideas erupt within an established discipline, one invariably witnesses mostly resistance. The voices of the status quo tend to rally around the preservation of tradition. This is not altogether a bad thing for there is much of tradition worth conserving.

But, what traditionalist and revolutionary both so often overlook is that some of these so-called "new ideas" are not so new after all. It is just that they have not been widely embraced by mainstream opinion. Furthermore, they also, on both sides, tend to entirely miss the fact that, in addition to being not completely new, these ideas possess ZERO threat to the old. Indeed, NOTHING is taken away — only MORE is added. There is nothing to give up, nothing to lose, only greater advantages to gain.

Charles Postlewate has made a most daring, bold and risky experiment over many years: the extended use of the "pinky" or smallest finger of the right hand. It just so happens that I have experimented with the use of the "chico" finger of the right hand since 1964, at the tender age of fourteen. A year later, in an effort to acquire as many methods as I could for mastering classical guitar technique, I came across Laurindo Almeida's method book, which encourages the use of the right hand little finger. And so, over all these years (and mostly unnoticed by other guitarists), I have utilized this mostly rejected "runt" of the right hand — but not nearly to the extent as Charles Postlewate.

Here, in this work, I have found much greater inspiration in the use of the right hand "chico" finger. Look at it this way: by developing the right hand little finger, at best you will enormously expand your repertoire of technical possibilities. At worst, you will strengthen the whole right hand, giving greater power and independence to the other fingers.

Cuando surgen nuevas ideas dentro de una disciplina ya establecida, regularmente uno encuentra resistencia. Las voces del status quo sólo apoyan la continuación de la tradición. Esto no tiene nada de malo ya que hay mucha tradición que merece ser conservada.

Sin embargo, lo que tanto los tradicionalistas como los revolucionarios suelen ignorar es que algunas de las llamadas "nuevas ideas," en realidad no son tan nuevas. Lo que ocurre es que éstas no han sido acogidas por la opinión mayoritaria. Además, ambos suelen ignorar el hecho de que, además de no ser algo completamente nuevo, estas ideas no presentan NINGUNA amenaza hacia las viejas. Es cierto, NADA se pierde — sólo se añade MÁS. No hay nada que perder, sólo más ventajas que ganar.

Charles Postlewate ha hecho uno de los experimentos más atrevidos y arriesgados a lo largo de varios años: la extensión del uso del dedo meñique de la mano derecha. Da la casualidad de que yo he experimentado con el uso del dedo "chico" de la mano derecha desde 1964, a la tierna edad de catorce años. Un año más tarde, bajo el intento de conseguir todos los métodos para perfeccionar la técnica de guitarra clásica, encontré el libro de método de Laurindo Almeida, el cual sugiere el uso del dedo meñique de la mano derecha. A lo largo de estos años (y sin que la mayoría de los guitarristas prestaran atención), he utilizado esta técnica, por lo general rechazada — pero no hasta el punto que lo hace Charles Postlewate.

Aquí, en su trabajo, he encontrado mayor inspiración en el uso del dedo "chico" de la mano derecha. Mírelo de esta manera: al desarrollar el dedo meñique de la mano derecha, desarrollará su repertorio de posibilidades técnicas. Lo peor que puede ocurrir es que fortalezca toda la mano derecha, dándoles mayor fuerza e independencia a los otros dedos.

Philip Rosheger
Berkeley, California
December 24,1999

CONTENTS

[ÍNDICE GENERAL]

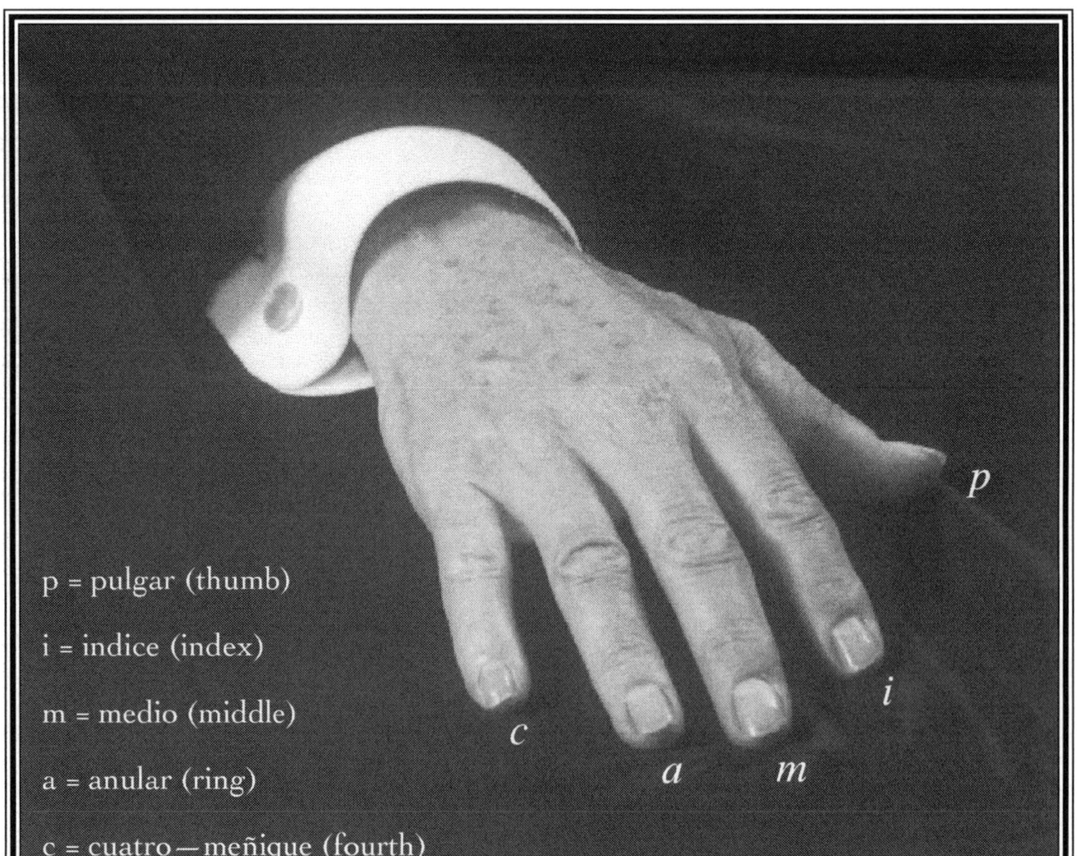
p
p = pulgar (thumb)
i = indice (index)
m = medio (middle)
a = anular (ring)
c = cuatro — meñique (fourth)
c
a
m
i

INTRODUCTION AND ACKNOWLEDGMENTS

HISTORY OF RIGHT-HAND TECHNIQUE

This book is the result of a 14-year research project to extend the right hand technique of the classical guitar to include the little finger. The origins of classical guitar right hand technique lie in the history of the Renaissance period lute, whose players used a thumb and index finger technique to imitate the plectrum style of the Middle Eastern *oud*. The *oud* was brought back to Europe by the Middle Ages crusaders and adapted to European music as the lute. The *oud* is played with a plectrum and, in Renaissance lute playing, the thumb imitated the down stroke of the plectrum and the index finger imitated the up stroke. By the end of the 16th century the middle finger was being used to play the more complex polyphonic music of the period and Thomas Mace (1619-1709), in his book *Musick's Monument* (London, 1676), describes the application of the index and middle fingers in specific situations. The baroque guitarists borrowed many of their techniques from the lutenists and the guitar eventually replaced the lute in popularity by the end of the 18th century.

The first known collection of right hand studies for the guitar was composed by Federico Moretti in 1787 and published in 1792 in Naples, Italy. The work was reprinted in Madrid, in 1807, under the title *Principios para Tocar la Guitarra de Seis Ordenes* (Principles for Playing the Six String Guitar). In the last section of this book, Moretti gives 202 arpeggio patterns over a C major chord in first position, using only the thumb, index and middle fingers of the right hand. In the book, Moretti states, "I have not written my arpeggios for the four fingers (meaning the thumb and first three fingers) because I do not believe it is necessary in these lessons." Without the use of the ring finger, Moretti's arpeggios involve much finger repetition and many awkward string crossings, by today's standards.

The first half of the 19th century saw the addition of the ring finger to right hand technique with a difference of opinion between the two leading guitarists of this time, Mauro Giuliani (1781-1829) of Italy and Fernando Sor (1788-1839) of Spain. Sor's instruction book, *Methóde pour la Guitare* (Method for the Guitar — first published in Paris, 1830), uses a diagram to show that the ring finger is geometrically unsuited for proper hand position. He states, "If I wished to bring in the fourth (ring) finger, it would always be at the expense of the two (index and middle), which would place my hand in a constrained position. I therefore establish as a rule of my fingering for the right hand to commonly employ only the three fingers (thumb, index and middle), and to use the fourth only for playing a chord in four parts, of which the nearest to the bass leaves an intermediate string."

In 1812, Giuliani published his *Metodo per Chitarra, Op. 1* (Method for Guitar). The first part is a set of 120 right hand studies that bears a strong resemblance to Moretti's arpeggio studies. These studies are for the thumb, index, middle and ring fingers over a C major – G7 chord progression in first position. These 120 studies have been published separately and are still considered an important part of right hand pedagogy.

The first known endorsement of the use of the right hand little finger came from the Spanish virtuoso Dionisio Aguado ((1781-1849) in his method book *Escuela de Guitarra* (Guitar School), which was printed in Madrid in 1825 and reprinted in Paris in 1826. Study #12 from this book is a five string arpeggio pattern with instructions in the 1825 edition that state, "The fingers of the right hand play the arpeggio in their order, leaving the thumb to play the bass." In the 1826 edition he adds the phrase, "The five fingers of the right hand can be used — one for each string." Later editions of this book, most notably *Nuevo Método para Guitarra* (New Method for Guitar: Madrid, 1843) publish this study but omit the second phrase referring to the use of the little finger. Just before he died, Aguado wrote an appendix, which was bound into some copies by the publisher, that states, "The direction and firmness of these fingers are useful when the ring finger and even the little finger are used, because they successively give support to those which follow. I have thoroughly considered the great force needed to enable the ring and little fingers to pluck strongly, keeping the hand in the position explained; however, after experimenting with my pupils, I have observed that the difficulty can be overcome." Brian Jeffrey translated this 1843 edition into English for Tecla Publications (London, 1981), with Aguado's appendix statement, and the five finger study appearing as number eight. It remains both a mystery and a pity that Aguado did not write more studies utilizing the little finger of the right hand.

Argentinian guitarist Domingo Prat (1886-1944) made the first major attempt to add the little finger to right hand technique. His book, *La Nueva Técnica de la Guitarra....para la práctica de los cinco dedos de la mano derecha* (The New Technique of the Guitar....for the Practice of the Five Fingers of the Right Hand), was published by Ricordi of Buenos Aires in 1922. Prat makes reference to Aguado's earlier use of the little finger by stating, "A century has passed since the little finger was put on the table for its use on the guitar as with the other fingers....it is unpardonable to leave that treasure unexplored."

Prat put forth the radical idea of severely bending the right hand wrist to the right while playing arpeggios in an inverted order - for example, to play a five note chord or arpeggio on the first five strings, he would use the order of thumb, little, ring, middle and index for the fifth to first strings, consecutively. All of the exercises in Prat's book (56 for the five fingers and a few more for three and four fingers) include normal right hand fingering as well as this inverted order. The book is very incomplete and disorganized, but the inverted order of fingering probably discredited the good that could have come from this book.

The famous Brazilian composer, Heitor Villa-Lobos (1887-1959), is one of the greatest contributors to the guitar literature in this century. As a young child, Villa-Lobos was taught to play cello by his father, who put an end pin on a viola and had the young Heitor play it like a cello, held upright between his legs. He considered the cello his main instrument and played in small orchestras throughout his early years. He also taught himself to play the guitar and the piano. After the death of his father, the 12-year old Villa-Lobos helped support his family by playing guitar in street groups and cafes in Rio de Janeiro. Being self taught, Villa-Lobos seems to have naturally begun playing the guitar with all five fingers of the right hand, even though he claims that he later studied the techniques of Aguado and Sor. Many of his early compositions were guitar solos, which, along with his later, more famous guitar compositions, abound with arpeggios and five note chords that are more easily played with the use of a five-finger technique. Villa-Lobos never notated the little finger in any of his published manuscripts (which have almost no fingering of any kind) and makes reference to it only one time in his memoirs, published by the Villa-Lobos Museum in Turibio Santos' book, *HEITOR VILLA-LOBOS E O VIOLAO* (*HEITOR VILLA-LOBOS AND THE GUITAR* — Rio de Janeiro, 1975: 11). In his first meeting with the great Spanish guitarist, Andres Segovia (1893-1987), Villa-Lobos claims that Segovia told him that his compositions were not guitaristic because of his use of the right hand little finger. Villa-Lobos says that he retorted, "Ah. It's not used? Then, cut it off!" After a rough start, their friendship led to the *Twelve Etudes* (1929) and the *Concerto for Guitar and Orchestra* (1951). Segovia never convinced Villa-Lobos to stop writing for the little finger and Villa-Lobos never convinced Segovia to use the little finger; and, guitarists have always found a way to get around Villa-Lobos' obvious use of the little finger.

Over the years, many guitarists have realized the advantage of using the little finger but have refrained from its use, believing that doing so would place the right hand in an improper playing position — the same reason used by guitarists in the early 19th century for resisting the use of the ring finger. The facility gained by the use of the little finger far outweighs the disadvantages of a modified hand position. A similar debate over keyboard technique took place during the late 17th and early 18th centuries. At that time, keyboard players debated the use of the thumbs (not normally used at that time) and their tendency to place the hands in a position that constrained the movement of the other fingers. In *The Interpretation of Early Music* (St. Martin's Press, 1979: 580), musicologist Robert Donnington states, "There is a very interesting distinction between early systems of keyboard fingering and modern systems. The former exploit the natural differences of length and strength in the human digits, and their changes in position, as aids to good phrasing and articulation. The latter minimizes these differences and changes as an aid to facility and versatility."

Guitarists in recent years have begun using a right hand position that is straight from the arm to the knuckles, as opposed to a wrist slightly bent to the right. This straight wrist position makes the use of the little finger more accessible to the guitarist and minimizes the shortness of the little finger, in relation to the others. One argument that guitarists have raised over the years has been the shortness of the right hand little finger, although it has not kept them from using the equally short little finger of the left hand! Because of the varying relative length of the fingers and shape of the fingernails of individual guitarists, I stop short of recommending a very specific right hand position and only recommend one that is comfortable, accommodates the use of all of the fingers and produces a satisfactory tone. In the near future, guitarists will find it difficult to imagine not using the right hand little finger in the same manner that guitarists today would find it difficult to imagine a technique that excludes the ring finger (or a keyboard technique that excludes the thumbs). This book is dedicated to the advancement of a technique that makes use of the entire spectrum of the right hand.

SCOPE OF THE RIGHT HAND STUDIES

The studies contained in this book are designed for the beginning guitarist as well as for the advanced guitarist who wishes to add the little finger to an already developed four-finger technique. The guitarist who uses this book will find that, in addition to gaining the use of the little finger, the other fingers of the right hand will gain increased strength, independence and dexterity. The studies begin simply, with the thumb combined with the other fingers, one at a time, and progress in complexity to the thumb and four other fingers together. For the left hand, each group, or set, of studies is played up and down the fingerboard over a parallel progression of intervals or chords, given at the beginning of that group or set. This is done to make the left hand simple, yet keep the harmonies interesting. The progression should first be practiced and learned thoroughly, so that complete concentration can then be given to the right hand patterns utilizing that progression. It is also a good idea to give full attention to the more difficult right hand patterns by first practicing them on the open strings.

CHORD AND ARPEGGIO STUDIES: Each of the four sets (THUMB AND ONE FINGER, THUMB AND TWO FINGERS, THUMB AND THREE FINGERS, THUMB AND FOUR FINGERS) is divided into numbered groups. **The studies in each group (lettered a,b,c...) do not have to be practiced in strict order as they are presented.** At first it would be best to progress through all of the **a**'s in each set, then through all of the **b**'s, etc. After going through the entire set, then it would be beneficial to practice a group in the order of 1.a,b,c..., 2.a,b,c..., etc. It is best, but not imperative, to practice all of the studies of each set before going to the next set. The object is to add the little finger to the technique by combining it with the other fingers in increasing density, allowing the right hand to adjust to a position that will accommodate all five fingers in any combination.

The **TREMOLO STUDIES** progress the right hand through the standard three and four note tremolo patterns to a tremolo pattern that uses all five fingers in, what I call, a "completed tremolo" — with a melody note played by the little finger simultaneously with the thumb bass note — to produce an uninterrupted tremolo melody.

RIGHT HAND HARMONICS STUDIES use the little finger to pluck the harmonic note, previously plucked, in the four-finger technique, with the ring finger. The little finger is much stronger than the ring finger. It has more musculature than the other fingers and is the finger which gives the hand its power in gripping situations. And, its extra separation from the index finger (which touches the string at the harmonic node) gives it more mechanical leverage to produce, in combination with the extra strength, a much stronger harmonic sound than the ring finger. These studies progress the player from two-note texture (thumb and harmonic note) to four note chords that include a harmonic note.

DEVELOPING THE MELODY FINGERS: The extra strength of the little finger gives it an important advantage in playing melodies, either as the top note of a chord or arpeggio, or in simple combination with a bass note played by the thumb. It is ironic that the ring finger, the weakest digit of the hand, is used as the main melody finger of the four-finger technique. Keyboard players make good use of the little finger's strength by employing it as the main melody finger and to play the lowest bass notes — the two musical parts that usually require the most strength and volume. This section contains exercises to develop the strength and balance of the little finger to play melodies, along with the ring and middle fingers, with simple bass note accompaniment as well as with two, three and four note chord and arpeggio accompaniments.

PREPARATION STUDIES FOR SPECIFIC REPERTOIRE PIECES: This book contains 353 total studies for the five-finger technique and does not presume to cover all of the possibilities. However, it does cover most of the situations encountered by the guitarist and will be a thorough preparation for situations not explicitly covered here. The final section takes five pieces from the standard guitar repertoire and demonstrates how special studies, similar to those presented earlier, can be invented by the player to overcome right hand technical problems not covered specifically in this book.

CHROMATIC VARIATION OF PROGRESSIONS: This section teaches the guitarist how to keep interest in these right hand studies by increasing the interest in the different left hand progressions, after they have been thoroughly learned. It is intended to serve the user as it has done to maintain my interest for the past 14 years.

SCALE STUDIES

The study of scales in a five-finger technique is very important, but beyond the scope of this book. Maintaining the same technique that is now used for scales with the four-finger technique, I recommend the practice of scales — both rest and free stroke — with the little finger in alternation with the other fingers to develop independence, strength and dexterity in all of the fingers. The little finger alternates quite easily with the index and middle fingers, but is very awkward when alternating with the ring finger, with which it has very little natural independence. Some very fine concert players have recently proven that three-finger alternation (ring to middle to index) in scale playing is a very fast combination. I used that combination for many years, with better results than I could ever get with the standard index and middle finger alternation. Soon after starting this project, I began alternating little to middle to index and it proved to be even faster, due to the strength of the little finger and its extra independence from the middle finger. Scale practice will also help the player to prepare for the section on DEVELOPING THE MELODY FINGERS.

COMPANION BOOK AND RECORDING

To supplement this publication, I have also written another book for Mel Bay Publications, ***HOMAGE TO VILLA-LOBOS, and Other Compositions*** (MB 98711), and recorded an accompanying CD, ***HOMAGE TO VILLA-LOBOS*** (MB 98711CD) to demonstrate the practical use of the five finger technique in 12 compositions — standard repertoire pieces (including four from the PREPARATION STUDIES FOR SPECIFIC REPERTOIRE PIECES section of this book), new transcriptions and arrangements as well as original compositions — fully fingered for both the right and left hands. The complete scores to all but two are presented in the book and excerpts of the two pieces under copyright restraints are given to show the use of the little finger in those compositions. These compositions and the recording present many different ways to use the little finger in chords, arpeggios, tremolos, harmonics and scales; they will, hopefully, demonstrate the advantage of a five-finger technique to the interested guitarist.

ACKNOWLEDGMENTS

Even though I had experimented with the little finger for many years before this project actually began in July of 1985, it was a 1984 article in *Guitar Player Magazine*, written by Larry Snitzler and edited by Jim Ferguson, that brought out the fact that I had been playing with the little finger. Matanya Ophee read this article and suggested that this was an important topic on which I should follow up. I submitted two proposals to my employer, The University of Texas at Arlington, for a summer research stipend (1985) and a one-year developmental (sabbatical) leave of absence (1985/86). The university granted these along with two travel grants to South America to visit Buenos Aires, Montevideo, Rio de Janeiro and Lima to confer with others (or their survivors) who had previously done work on using the little finger. The contacts and help that I received from Abel Carlevaro in Montevideo, Sonia María Strutt (Villa-Lobos' niece and director of the Villa-Lobos Museum) in Rio de Janeiro, as well as Raúl García Zárate and Carlos Hayre in Lima, were invaluable in getting me off to a good start that first year. The lone disappointment was not being able to find anyone in Buenos Aires that knew anything about the work of Domingo Prat on this subject.

The University of Texas at Arlington followed those initial grants with another summer stipend in 1996 and a research grant in 1998/99 to prepare and record the music for the *HOMAGE TO VILLA-LOBOS* CD mentioned earlier. The University has also provided more travel grants within the United States and to Spain over this 14 year period to work on the material for this book and to confer with other guitarists who have helped me with this project — most notably Laurindo Almeida, Michael Lorimer, Philip Rosheger and Aaron Shearer. And, over the past eight years, my administrators at UTA have been very supportive in granting me research release time from my teaching load to prepare for the CD recording sessions and to prepare the manuscripts for these two publications. Other guitarists who have had a similar interest in expanding right hand technique have lacked the resources, time and funding made available to me by The University of Texas at Arlington and my appreciation to my employer is unbounded.

I give added thanks to Matanya Ophee, and his great knowledge of historical facts, for the direction to earlier efforts on the use of the little finger as well as for copies of Aguado materials. His knowledge not only provided the initial spark, it quickly convinced me that this was a project worthy of the time and effort involved.

Many years ago, C. Nelson Amos was very generous to give me a copy of his doctoral dissertation, *Lute Practice and Lutenists in Germany Between 1500 and 1750* (University of Iowa School of Music, 1975). That work provided me with much information and insight into the right hand technique of the lutenists of that period.

In the early stages of this work, I had the assistance of Debbie Smatresk, occupational therapist at Arlington (Texas) Memorial Hospital, in building up the dexterity of the little finger and training it to function properly with the other fingers of the right hand, without doing anything that might cause injury to the hand. Her time and advice in exercising the fingers, on and away from the guitar, were a big influence on the development of these studies.

For the translation into Spanish, I thank my wife, Marisa (a native of Spain and a doctoral candidate in Humanities/Spanish Literature), who had the technical assistance of violist/pianist Gladys Montaño and guitarists Javier Calderón, Carlos Hayre, Ricardo Iznaola and Enric Madriguera. I also thank Clay Waldrop for a grant that funded the translation expenses.

For the proofing and advice on the final organization and presentation of these studies, I had the assistance of Joel Mauger, a former student with a keen critical eye, and Philip Rosheger, a fine guitarist/composer. Both have ample experience in using the right hand little finger.

I give my appreciation to Bill Bay for his letters of support and his willingness to present my work to the public in the form of these publications — a fitting tribute to the fact that, as a young jazz guitarist, I learned to read music from the books of his father, Mel Bay.

There have been many other friends, colleagues and family members whose encouragement has helped me during this lengthy and demanding, yet fascinating, project. I thank you all for your support.

INTRODUCCIÓN Y RECONOCIMIENTOS

HISTORIA DE LA TÉCNICA DE LA MANO DERECHA

Este libro es el producto de un proyecto de investigación de 14 años para extender la técnica de la mano derecha en la guitarra clásica con el propósito de incluir el dedo meñique. El origen de la técnica de la mano derecha para la guitarra clásica se encuentra en la historia del laúd de la época del Renacimiento, el cual se tocaba con los dedos pulgar e índice para imitar el estilo de plectro del *oud* del Oriente Medio. Las cruzadas de la Edad Media llevaron a Europa el *oud* y se adaptó a la música europea como el laúd. El *oud* se toca con plectro y, en el Renacimiento el laúd se tocaba con el pulgar imitando el golpe de púa hacia abajo y el dedo índice imitando el golpe hacia arriba. A finales del siglo XVI el dedo medio se usaba para tocar la música polifónica más compleja de la época. El laudista Tomás Mace (1619-1709) describe en su libro *Musick's Monument* (Londres, 1676) la aplicación, en situaciones específicas, de los dedos índice y medio. Los guitarristas barrocos adaptaron gran parte de su técnica de la de los laudistas y, eventualmente, la guitarra reemplazó al laúd en popularidad hacia finales del siglo XVIII.

La primera colección publicada de estudios de arpegios para la mano derecha que se conoce fue compuesta por Federico Moretti en 1787 y fue publicada en 1792 en Nápoles, Italia. La obra se reimprimió en Madrid, en 1807, bajo el título *Principios para Tocar la Guitarra de Seis Ordenes*. En la última sección de este libro, Moretti presenta 202 patrones de arpegios basados sobre una triada de C mayor en la primera posición, usando solamente los dedos pulgar, índice y medio de la mano derecha. En su libro Moretti dice, "No he puesto los arpegios para los cuatro dedos (se refiere al pulgar y a los tres primeros dedos), porque no creo que sea necesario para estas lecciones." Sin el uso del dedo anular, los arpegios de Moretti requieren una gran cantidad de repetición de dedos y cruces incómodos de cuerdas.

Durante la primera mitad del siglo XIX se añadió el dedo anular a la técnica de la mano derecha, con una diferencia de opinión entre los dos guitarristas principales de la época, Mauro Giuliani (1781-1829) de Italia y Fernando Sor (1788-1839) de España. En el libro de enseñanza de Sor, *Methóde pour la Guitare* (publicado por primera vez en París, 1830), se emplea un diagrama para mostrar que el dedo anular es geométricamente impropio para la posición correcta de la mano. Sor dice, "Si yo deseara traer el cuarto (el dedo anular), siempre sería a costa de los dos (el índice y el medio), lo que me pondría la mano en una posición forzada. Por lo tanto establezco como regla de mi digitación para la mano derecha, el emplear normalmente los tres dedos (el pulgar, el índice y el medio) solamente y el usar el cuarto dedo solamente cuando se toque una cuerda en cuatro partes de las cuales la más cercana a la nota baja deja una cuerda intermedia."

En 1812, Giuliani publicó su *Metodo per Chitarra, Op. 1*. La primera parte es una serie de 120 estudios que tienen un gran parecido a los estudios de arpegios de Moretti. Estos estudios son para los dedos pulgar, índice, medio y anular sobre una progresión de C – G7 en la primera posición. Estos 120 estudios han sido publicados por separado y todavía se consideran una parte importante de la pedagogía de la guitarra para la mano derecha.

La primera mención conocida del uso del dedo meñique de la mano derecha viene del virtuoso español Dionisio Aguado (1781-1849) en su libro de método, *Escuela de Guitarra*, el cual fue impreso en Madrid en 1825 y fue reimpreso en París en 1826. El estudio no. 12 de este libro es un patrón de arpegios de cinco cuerdas con las siguientes instrucciones en la edición de 1825, "Los dedos de la derecha pulsarán por su orden el arpegio, dejando la voz más baja para el pulgar." En la versión de 1826 añade esta frase, "y también pueden emplearse los cinco dedos de la derecha, cada uno en diferente cuerda." En ediciones posteriores de este libro, siendo la más notable *Nuevo Método para la Guitarra* (Madrid, 1843), incluyen este estudio pero omiten la segunda frase que se refiere al uso del dedo meñique. Poco antes de fallecer, Aguado escribió un apéndice, el cual fue encuadernado en varios ejemplares por el editor, y dice, "La dirección y la estabilidad de estos dedos son muy beneficiosas cuando se usa el dedo anular e incluso cuando se usa el dedo meñique porque dan apoyo consiguientemente a aquellos que siguen. He tomado en cuenta por completo la gran fuerza necesaria para que el dedo anular y el dedo meñique puedan tocar fuertemente, manteniendo la mano en la posición explicada; sin embargo, después de haber experimentado con mis alumnos, he observado que la dificultad se puede superar." Brian Jeffrey tradujo al inglés esta edición de 1843 para Tecla Publications (Londres, 1986), con el apéndice de Aguado, y el estudio para los cinco dedos aparece como el número ocho. Continúa siendo un misterio, y una lástima, que Aguado no haya escrito más estudios utilizando el dedo meñique de la mano derecha.

El guitarrista argentino, Domingo Prat (1886-1944), fue el primero en hacer un gran intento en añadir el dedo meñique a la técnica de la mano derecha. Su libro, *La Nueva Técnica de la Guitarra para la Práctica de los Cinco Dedos de la Mano Derecha,* fue publicado por Ricordi de Buenos Aires en 1922. Prat se refiere al intento anterior de Aguado de usar el dedo meñique diciendo, "Un siglo hace desde que se puso sobre el tapete el uso del dedo meñique para su uso en la guitarra con los demás dedos... no es perdonable dejar ese tesoro sin explorar."

Prat presentó la idea radical de doblar severamente la muñeca de la mano derecha hacia la derecha mientras se tocan los arpegios en un orden invertido—por ejemplo, para tocar un acorde o un arpegio de cinco notas en las primeras cinco cuerdas, él usaría el orden de pulgar, meñique, anular, medio e índice de la quinta a la primera cuerda—consecutivamente. Todos los ejercicios en el libro de Prat (56 para los cinco dedos y unos cuantos para tres y cuatro dedos) incluyen digitaciones normales e invertidas. El libro está muy desorganizado e incompleto, pero es el orden invertido de digitación lo que probablemente desacreditó lo bueno que podría haber sido este libro.

El famoso compositor brasileño, Heitor Villa-Lobos (1887-1959), es uno de los grandes contribuyentes a la literatura de la guitarra de este siglo. Su padre le enseñó a tocar el violonchelo cuando Villa-Lobos era niño poniendo un puntal a la viola y haciéndole tocarlo como un violonchelo. Para Villa-Lobos, el violonchelo era su instrumento principal y tocó en varias orquestas pequeñas durante sus primeros años. También se enseñó él mismo a tocar la guitarra y el piano. Cuando Villa-Lobos tenía 12 años, su padre murió y el joven ayudó a mantener a la familia tocando la guitarra con bandas en las calles y en cafés de Río de Janeiro. Al ser autodidacta, Villa-Lobos parece haber empezado a tocar la guitarra empleando, de manera natural, los cinco dedos de la mano derecha, aunque decía que estudió más tarde las técnicas de Aguado y de Sor. Muchas de sus composiciones tempranas eran solos para guitarra, las cuales, al igual que sus composiciones más famosas para la guitarra, están repletas de acordes y arpegios de cinco notas que se pueden tocar con más facilidad empleando la técnica de cinco dedos. Villa-Lobos nunca anotó el dedo meñique en ninguno de sus manuscritos publicados (los cuales apenas incluyen digitaciones de ninguna clase) y sólo se refiere al meñique en uno de sus *memoirs*, publicado por el Museo Villa-Lobos en un libro de Turibio Santos bajo el título de *HEITOR VILLA-LOBOS E O VIOLAO* (*HEITOR VILLA-LOBOS Y LA GUITARRA* —Río de Janeiro, 1975: 11). En su primera reunión con el gran guitarrista Andrés Segovia (1893-1987), Villa-Lobos indica que Segovia le dijo que sus composiciones no eran guitarrísticas por el uso del dedo meñique de la mano derecha. Villa-Lobos dice que él le contestó, "Ah. ¿No se usa? Entonces, ¡córteselo!" A pesar de este malentendido, su amistad produjo *Doce Estudios* (1929) y el *Concierto para Guitarra y Orquesta* (1951). Segovia nunca logró que Villa-Lobos dejara de escribir para el dedo meñique y Villa-Lobos nunca logró que Segovia usara el dedo meñique; los guitarristas siempre han encontrado alguna manera de ignorar el uso obvio del dedo meñique por Villa-Lobos.

A lo largo del tiempo, muchos guitarristas se han dado cuenta de las ventajas del uso del dedo meñique pero se han refrenado debido a la creencia que el uso del dedo meñique resultaría en una posición inapropiada de la mano derecha—la misma razón por la que los guitarristas se resistían a usar el dedo anular a principios del siglo XIX. La facilidad conseguida de usar el dedo menique es más ventajosa que las desventajas de la posición de la mano modificada. Un debate similar sobre la técnica de teclado se llevó a cabo a finales del siglo XVII y a principios del siglo XVIII. En aquella época, los músicos de teclado discutieron el uso de los pulgares (que entonces no se usaban normalmente) y su tendencia a colocar las manos en una posición que constreñía el uso de los otros dedos. En *The Interpretation of Early Music* (La Interpretación de Música Temprana — St. Martin's Press, 1979: 580), el musicólogo Robert Donnington dice, "Hay una distinción muy interesante entre los sistemas tempranos de digitación de teclado y los modernos. Los tempranos exploran las diferencias naturales de longitud y fuerza de los dedos humanos, y sus cambios de posición, como ayuda hacia una buena expresión y una buena articulación. Los sistemas modernos disminuyen estas diferencias como una ayuda hacia la destreza y versatilidad."

En los últimos años, los guitarristas han empezado a usar una posición recta de la mano derecha desde el brazo hasta los nudillos, en vez de doblar la muñeca levemente hacia la derecha. La posición con la muñeca recta facilita el uso del dedo meñique para el guitarrista y disminuye la diferencia en longitud de éste, comparado con los otros dedos. Un argumento que han tenido los guitarristas a lo largo del tiempo ha sido con relación al tamaño del dedo meñique de la mano derecha, aunque no les ha impedido el uso del también corto dedo meñique de la mano izquierda! Como la longitud de los dedos y la forma de las uñas del guitarrista varía, no recomiendo una posición específica de la mano derecha sino que escoja una que sea cómoda, que acomode el uso de los cinco dedos y produzca un sonido aceptable. En un futuro cercano, los guitarristas encontrarán difícil imaginarse el no usar el dedo meñique de la mano derecha de la misma manera que para los guitarristas hoy día es difícil imaginarse una técnica que excluya el dedo anular (o una técnica de teclado que excluya los pulgares). Este libro está dedicado al desarrollo de una técnica que hace uso de todo el espectro.

PROPÓSITO DE LOS ESTUDIOS DE MANO DERECHA

Los estudios incluidos en este libro están diseñados tanto para el guitarrista principiante como para el guitarrista avanzado que quiere añadir el dedo meñique a la ya desarrollada técnica de cuatro dedos. El guitarrista que use este libro encontrará que, además de incrementar el uso del dedo meñique, los otros dedos de la mano derecha mostrarán una mejoría en fuerza, independencia y destreza. Los estudios empiezan simplemente con el dedo pulgar combinado con los otros dedos, de uno en uno, y progresan en complejidad al pulgar y los cuatro dedos juntos. Para la mano izquierda, cada grupo de estudios se toca de arriba abajo en el diapason con una progresión paralela de intervalos o acordes, presentados al principio de cada grupo. El propósito es el mantener los ejercicios para la mano izquierda simples, incluyendo armonías interesantes. Esta progresión se debe practicar y aprender por completo para así poder concentrarse totalmente en los patrones para la mano derecha utilizando esa progresión. Además es buena idea prestar atención a los patrones de la mano derecha más difíciles practicando primero estos en las cuerdas al aire.

ESTUDIOS DE ACORDES Y ARPEGIOS: Cada uno de los cuatro grupos (EL PULGAR Y UN DEDO, EL PULGAR Y DOS DEDOS, EL PULGAR Y TRES DEDOS, EL PULGAR Y CUATRO DEDOS) está dividido en grupos numerados. **Los estudios en cada grupo (denominados a, b, c...) no se tienen que practicar en el orden en el que se presentan**. Al principio sería conveniente progresar practicando todas las **a** de cada grupo, luego todas las **b**, etc. Después de haber practicado todo el grupo, sería beneficioso practicar cada grupo en el orden de a, b, c..., etc. Sería mejor, aunque no obligatorio, que se practicaran todos los estudios de cada grupo antes de pasar al siguiente. El objetivo es añadir el dedo meñique a la técnica por medio de la combinación con los otros dedos en un aumento de densidad, dejando que la mano derecha se adapte a una posición que pueda acomodar a los cinco dedos en cualquier combinación.

Los **ESTUDIOS DE TRÉMOLOS** avanzan la mano derecha por medio de patrones de trémolos tradicionales de tres y cuatro notas hacia un patrón de trémolo que usa los cinco dedos, lo que yo llamo, un "trémolo completo"—con una nota de melodía tocada simultáneamente con el bajo del pulgar—para producir una melodía de trémolo sin interrupción.

Los **ESTUDIOS DE ARMÓNICOS PARA LA MANO DERECHA** usan el dedo meñique para pulsar el armónico, anteriormente pulsado (en la técnica de cuatro dedos) con el dedo anular. El dedo meñique es mucho más fuerte que el dedo anular. Este tiene más masa muscular que los otros dedos y es el que le da a la mano la fuerza para poder agarrar algo. Además el espacio que hay entre el meñique y el dedo índice (el cual posando suavemente, sin mayor presión, sobre la cuerda en el traste XII, marca el nodo del armónico) le da más equilibrio mecánico para producir, en combinación con la fuerza adicional, un sonido armónico mucho más fuerte que el dedo anular. Estos estudios le llevan al guitarrista desde una textura de dos notas (el pulgar y el armónico) a acordes de cuatro notas que incluyen un armónico.

EL DESARROLLO DE LA FUNCIÓN MELÓDICA DE LOS DEDOS: La fuerza adicional del dedo meñique hace sobresalir una importante ventaja de usarlo en la mano derecha para tocar la melodía, o bien como la nota aguda de un acorde o de un arpegio, o en una combinación simple con un bajo tocado por el pulgar. Es irónico que el dedo anular sea el dedo más débil, y sin embargo, éste se usa como el dedo principal de melodía en la técnica de cuatro dedos. Los intérpretes de teclado hacen buen uso del dedo meñique empleándolo como el dedo principal de melodía, y para tocar las notas más graves del bajo — las dos partes musicales que normalmente requieren más fuerza y volumen. Esta sección incluye ejercicios para desarrollar la fuerza y el equilibrio del dedo meñique para tocar la melodía, junto con los dedos anular y medio, empleando un simple acompañamiento del bajo y también con acompañamientos de acordes y arpegios de dos, tres y cuatro notas.

ESTUDIOS DE PREPARACIÓN PARA PIEZAS ESPECÍFICAS DEL REPERTORIO: Este libro contiene un total de 353 ejercicios para la técnica de cinco dedos y no pretende cubrir todas las posibilidades. Sin embargo, incluye la mayoría de las situaciones con las que se enfrentará el guitarrista y es una excelente preparación para situaciones no incluidas, explícitamente, aquí. La última sección emplea cinco piezas del repertorio tradicional para la guitarra y demuestra cómo estudios especiales, similares a aquellos presentados anteriormente, pueden ser inventados por el guitarrista para superar los problemas técnicos de la mano derecha no tratados específicamente en este libro.

PROGRESIONES EN VARIACIÓN CROMÁTICA. Esta sección le enseña al guitarrista a mantener el interés en estos estudios para la mano derecha incrementando el interés en las diferentes progresiones de la mano izquierda, después de aprendérselas de memoria. El propósito es que le sirvan al guitarrista del mismo modo que me sirvieron a mí para mantener el interés durante los últimos 14 años.

ESTUDIOS DE ESCALAS

El estudio de escalas con la técnica de cinco dedos es muy importante, pero va más allá de los límites de este libro. Sin cambiar la que se emplea hoy día para las escalas con la técnica de cuatro dedos, recomiendo que se practiquen las escalas (apoyando y tirando) con el dedo meñique en alternancia con los otros dedos para desarrollar la independencia, fuerza y destreza en todos los dedos. Algunos buenos guitarristas han probado que la alternancia de tres dedos (del anular al medio y al índice) es una combinación muy rápida para tocar escalas. Yo usé esa combinación por muchos años, con mejores resultados que podría conseguir con la combinación tradicional de los dedos índice y medio. Poco después de empezar este proyecto, empecé a alternar del dedo meñique al medio y al índice resultando ser más rápido debido a la fuerza del dedo meñique y su extra independencia del dedo medio. La práctica de escalas también le asistirá al guitarrista en su preparación para la sección EL DESARROLLO DE LA FUNCIÓN MELÓDICA DE LOS DEDOS.

LIBRO Y GRABACIÓN DE ACOMPAÑAMIENTO

Como suplemento de este libro, también he escrito otro libro para Mel Bay Publications, *Homenaje a Villa-Lobos y otras composiciones* (MB 98711), y he grabado un CD que lo acompaña, *Homenaje a Villa-Lobos* (MB 98711CD), para demostrar el uso práctico de la técnica de cinco dedos en 14 composiciones — piezas del repertorio tradicional (incluyendo cuatro de la sección ESTUDIOS DE PREPARACIÓN PARA PIEZAS ESPECÍFICAS DEL REPERTORIO en este libro), nuevas transcripciones/arreglos y composiciones originales — totalmente digitadas tanto para la mano derecha como para la izquierda. En el libro se incluyen las partituras completas de todas las composiciones menos dos y extractos de las dos composiciones protegidas bajo derecho de autor para mostrar el uso del dedo meñique en éstas últimas. Estas composiciones y la grabación presentan diferentes maneras de usar el dedo meñique en acordes, arpegios, trémolos, armónicos y escalas; se espera que éstas le demuestren al guitarrista interesado las ventajas de una técnica de cinco dedos.

RECONOCIMIENTOS

Aunque ya había experimentado con el dedo meñique por muchos años antes de empezar este proyecto en julio de 1985, fue un artículo escrito por Larry Snitzler y editado por Jim Ferguson que apareció en 1984 en *Guitar Player Magazine*, el que indicó que yo había estado tocando la guitarra usando el dedo meñique. Matanya Ophee leyó dicho artículo y me sugirió que éste sería un tema importante de investigar. Entregué dos propuestas a mi centro docente, La Universidad de Texas en Arlington, para una beca de investigación durante el verano de 1985 y para un año de sabático (1985/1986). La universidad me concedió los dos y además me dieron dos becas para viajar a la América del Sur para visitar Buenos Aires, Montevideo, Río de Janeiro y Lima con otros (o sus supervivientes) quienes habían trabajado anteriormente con el uso del dedo meñique. Los contactos y la ayuda que recibí del guitarrista y compositor, Abel Carlevaro, en Montevideo, de Sonia María Strutt (sobrina de Villa-Lobos y directora del Museo Villa-Lobos) en Río de Janeiro y de los guitarristas, Raúl García Zárate y Carlos Hayre, en Lima, fueron valiosos y me guiaron durante el primer año de este proyecto.

Además de las becas anteriormente mencionadas, La Universidad de Texas en Arlington me dio una beca para el verano de 1996 y una beca de investigación para el año escolar 1998/1999 para la preparación y la grabación de la música del CD mencionado anteriormente, *HOMENAJE A VILLA-LOBOS*. A lo largo de estos últimos 14 años, la universidad también me ha proporcionado más becas para viajar por los Estados Unidos y por España para trabajar en este libro y para reunirme con otros guitarristas que me han ayudado en este proyecto — destacando, Laurindo Almeida, Michael Lorimer, Philip Rosherger y Aaron Shearer. Además, en los últimos años, la administrativa en UTA me ha apoyado dándome tiempo libre de la enseñanza para dedicarlo a esta investigación, a la grabación del CD y para preparar los manuscritos para estos dos libros. Otros guitarristas que se han interesado por la técnica de cinco dedos no han tenido los recursos, el tiempo y la ayuda financiera que he tenido yo, por lo que permanezco agradecido a La Universidad de Texas en Arlington.

Le doy las gracias a Matanya Ophee, y a su gran conocimiento de hechos históricos, por orientarme en la búsqueda de intentos anteriores del uso del meñique y por las copias de los materiales de Aguado. Su conocimiento me iluminó el camino convenciéndome de que, sin duda, este proyecto merecía la pena.

Hace muchos años, C. Nelson Amos fue muy generoso y me dio una copia de su tesis doctoral, *Lute Practice and Lutenists in Germany Between 1500 and 1750 [La práctica del laúd y los laudistas en Alemania entre los años 1500 y 1750]* (Universidad de Iowa, 1975). Ese trabajo me dio mucha información y conocimiento de la técnica de la mano derecha de los laudistas de aquella época.

En las primeras etapas de este proyecto, Debbie Smatresk, fisio-terapeuta en Arlington Memorial Hospital, me asistió a aumentar la destreza del dedo meñique y a entrenarlo a funcionar de manera apropiada con los otros dedos de la mano derecha, sin hacer nada que pudiera dañar a la mano derecha. Su tiempo y su consejo de cómo hacer ejercicio con los dedos, bien sea al tocar la guitarra o no, han sido una gran influencia en el desarrollo de estos estudios.

Por la traducción al español, le doy las gracias a mi esposa, Marisa (originalmente de España y candidata para el doctorado en Humanidades/literatura española), quien tuvo la asistencia técnica de la violista/pianista Gladys Montaño y de los guitarristas Javier Calderón, Carlos Hayre, Ricardo Iznaola y Enric Madriguera. También le doy las gracias a Clay Waldrop por la beca que sufragó los gastos de la traducción.

Para las correcciones y consejos en la organización final y la presentación de estos estudios, tuve la ayuda de Joel Mauger, un antiguo estudiante y un buen crítico, y de Philip Rosheger, un excelente guitarrista y compositor. Ambos tienen mucha experiencia en el uso del dedo meñique.

Le agradezco a Bill Bay sus cartas de apoyo y su deseo de presentar mi trabajo al público por medio de estas publicaciones — un verdadero honor ya que cuando yo era un joven guitarrista de música jazz, aprendí a leer música por medio de los libros de su padre, Mel Bay.

Además hay otros amigos, colegas y familiares cuyo estímulo me ha ayudado a lo largo de este extenso y riguroso, aunque fascinante, proyecto. Gracias a todos por su apoyo.

I. CHORD AND ARPEGGIO STUDIES

(ESTUDIOS DE ACORDES Y ARPEGIOS)

A. STUDIES FOR THE THUMB AND ONE FINGER

(ESTUDIOS PARA EL PULGAR Y UN DEDO)

Play the following exercises with the left hand moving up and down pairs of strings, in parallel intervals, while the right hand combines the thumb with each of the four fingers. Initially, the unused right hand fingers of each exercise can be taught to relax, and be independent, by gently touching (preparing) on other strings, in a proper playing position, as indicated in the table below:

[En los ejercicios siguientes, mientras la mano izquierda asciende y desciende (dos cuerdas a la vez) en intervalos paralelos, la derecha combina el pulgar con cada uno de los otros cuatro dedos. Al principio, los dedos que no entran en función, podrán aprender a relajarse reposando sobre las cuerdas que quedan en vacío (como se indica en el cuadro siguiente):

EXERCISES (EJERCICIOS)	STRINGS (CUERDAS)	PLAY (TOCAR)	RELAX FINGERS ON STRINGS (RELAJE LOS DEDOS) (EN LAS CUERDAS)
1a & b	5 & 4	*p & i*	*m*/3 *a*/2 *c*/1
2a & b	5 & 3	*p & m*	*i*/4 *a*/2 *c*/1
3a & b	5 & 2	*p & a*	*i*/4 *m*/3 *c*/1
4a & b	5 & 1	*p & c*	*i*/4 *m*/3 *a*/2

1a.

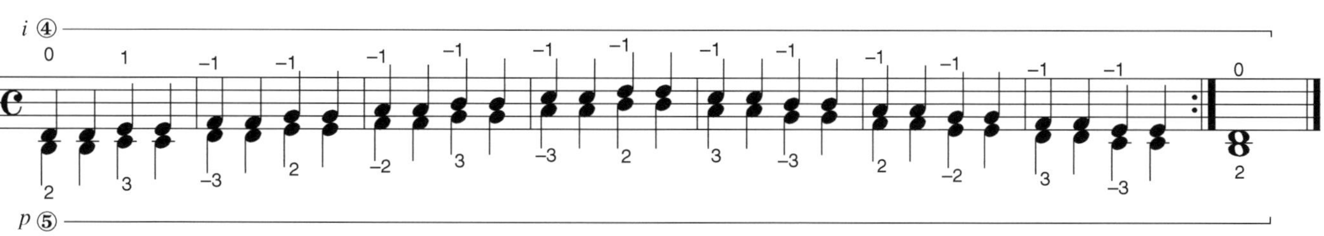

b.

2a.

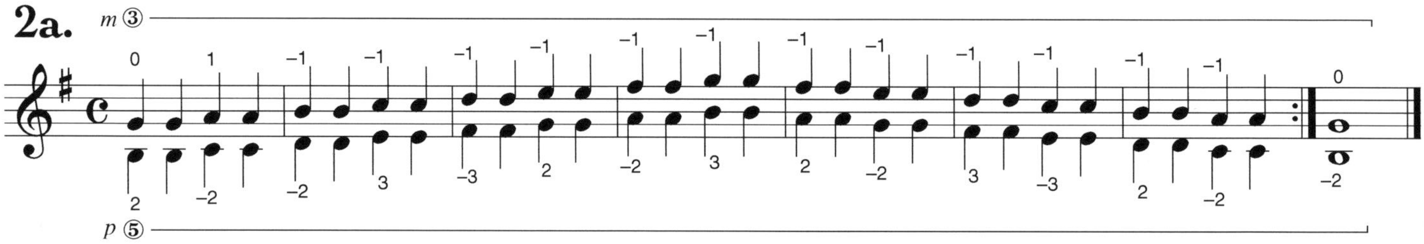

b.

3a.

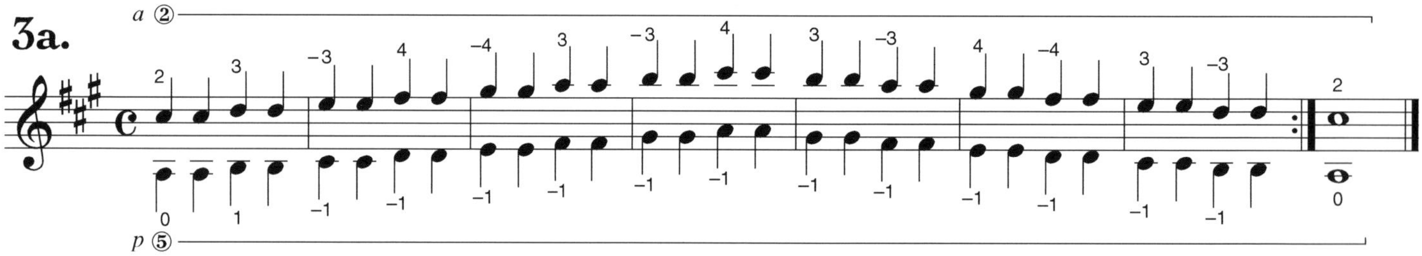

b.

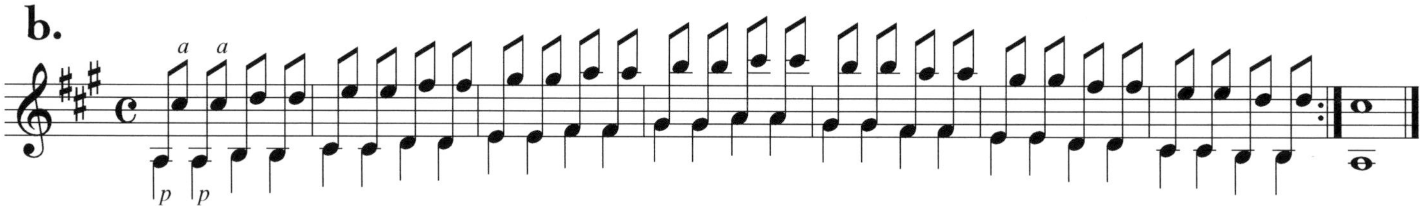

4a.

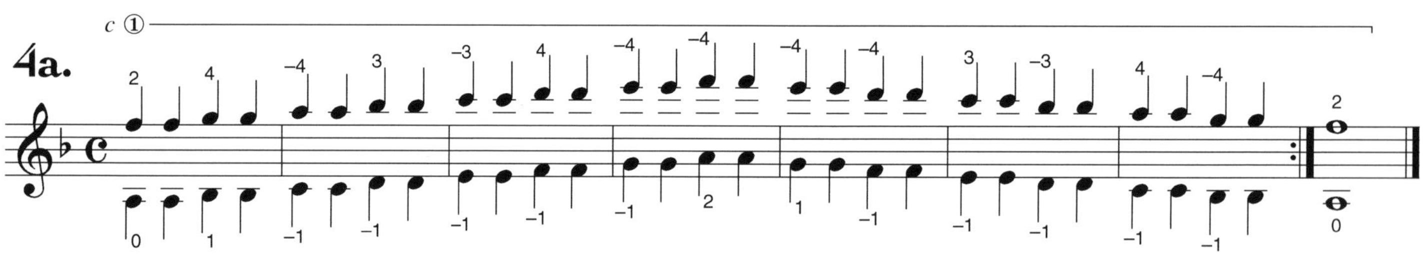

b.

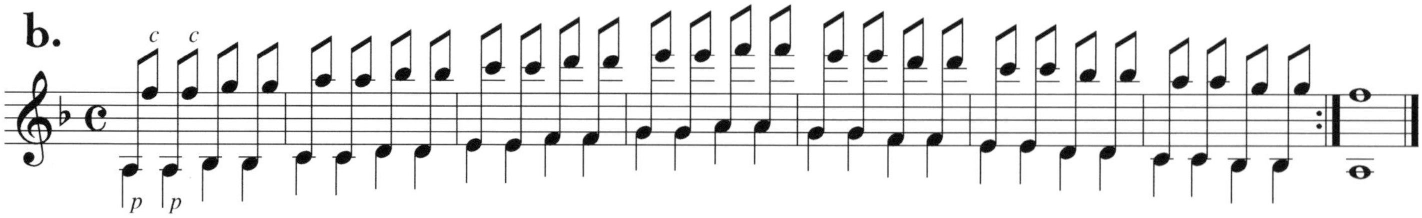

B. STUDIES FOR THE THUMB AND TWO FINGERS

(ESTUDIOS PARA EL PULGAR Y DOS DEDOS)

Play the following exercises with the left hand moving up and down pairs of strings in parallel intervals, played by the right hand finger combinations, while the thumb plays open strings in the bass as pedal tones. **The studies do not have to be practiced in strict order, as they are presented.** They could be played in the order of 1a, 2a, 3a,..., then 1b, 2b, 3b,..., etc, before playing them in the strict order of 1a,b,c,..., 2a,b,c,..., etc. At first, the unused right hand fingers of each exercise can be taught to relax, and be independent, by gently touching (preparing) on other strings, in a proper playing position, as indicated in the table below:

[Continuando con la práctica anterior, en los ejercicios que siguen, la mano izquierda asciende y desciende (dos cuerdas a la vez) en intervalos paralelos mientras el pulgar de la derecha pulsa alternadamente las cuerdas graves al aire acompañando el accionar de los dedos que (según se indica en el cuadro más abajo) se combinan al pulsar los intervalos. **Los estudios no se tienen que practicar en el orden presentados**. Se pueden practicar en el orden de 1a, 2a, 3a,..., después 1b, 2b, 3b,..., etc, antes de tocarlos en orden de 1a,b,c,..., 2a,b,c..., etc. Para empezar, a los dedos de la mano derecha que no se usen en cada ejercicio se les puede entrenar a relajar y ser independiente, descansándolos en las otras cuerdas.]

EXERCISES (EJERCICIOS)	STRINGS (CUERDAS)	PLAY (TOCAR)	RELAX FINGERS ON STRINGS (RELAJE LOS DEDOS) (EN LAS CUERDAS)
1a–h	6, 5 & 4, 3	*p & i m*	*a*/2 *c*/1
2a–h	6, 5 & 4, 2	*p & i a*	*m*/3 *c*/1
3a–h	6, 5 & 4, 1	*p & i c*	*m*/3 *a*/2
4a–h	6, 5 & 3, 2	*p & m a*	*i*/4 *c*/1
5a–h	6, 5 & 3, 1	*p & m c*	*i*/4 *a*/2
6a–h	6, 5 & 2, 1	*p & a c*	*i*/4 *m*/3

GROUP 1 — *Pim*

1a.

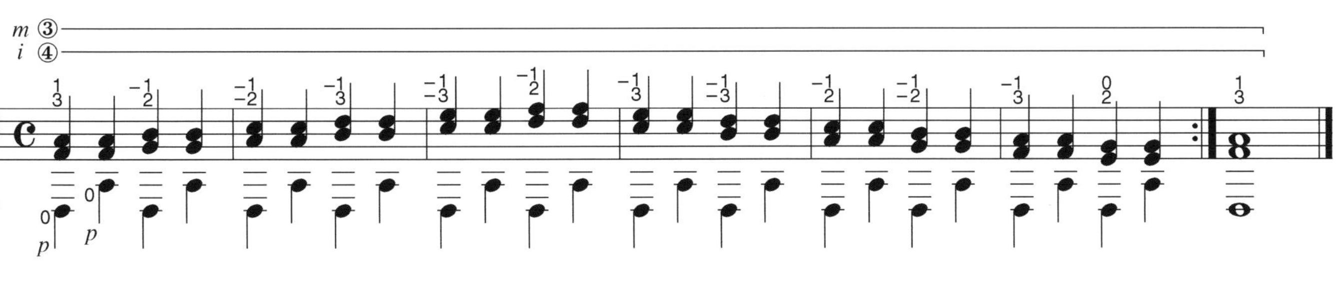

⑥ = D

Now, play the following right hand patterns of Exercises 1b-1h utilizing the progression presented in Exercise 1a.

[Ahora, toque el siguiente grupo de ejercicios para la mano derecha (1b-1h), utilizando la progresión del Ejercicio 1a.]

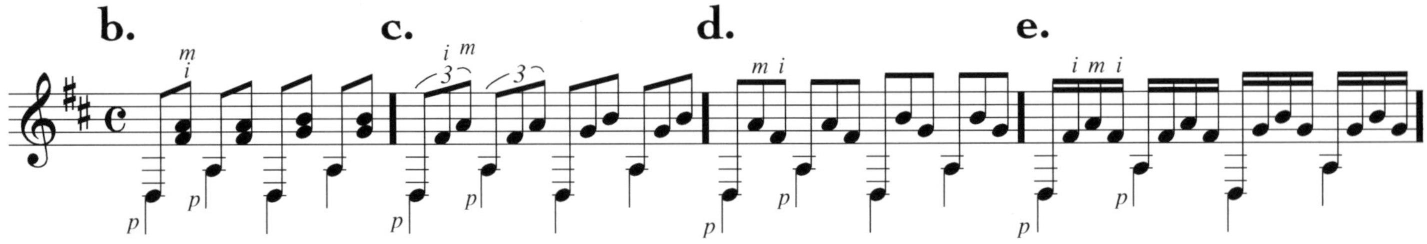

GROUP 2 — *Pia*

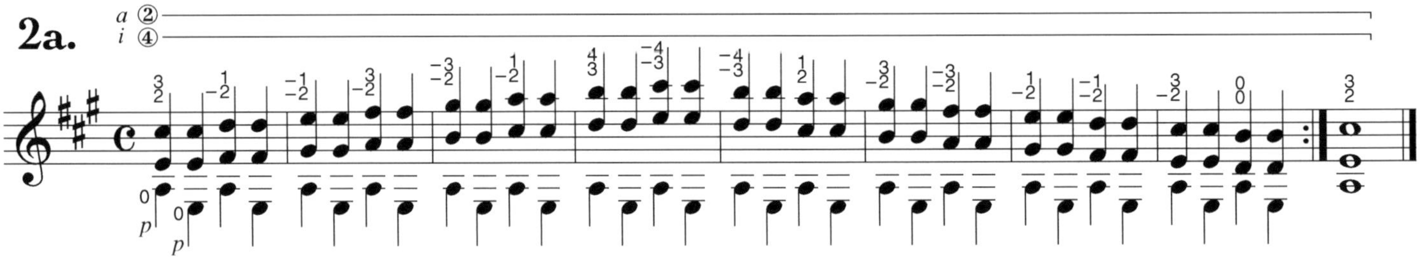

Now, play the following right hand patterns of Exercises 2b-2h utilizing the progression presented in Exercise 2a.

[Ahora, toque el siguiente grupo de ejercicios para la mano derecha (2b-2h), utilizando la progresión del Ejercicio 2a.]

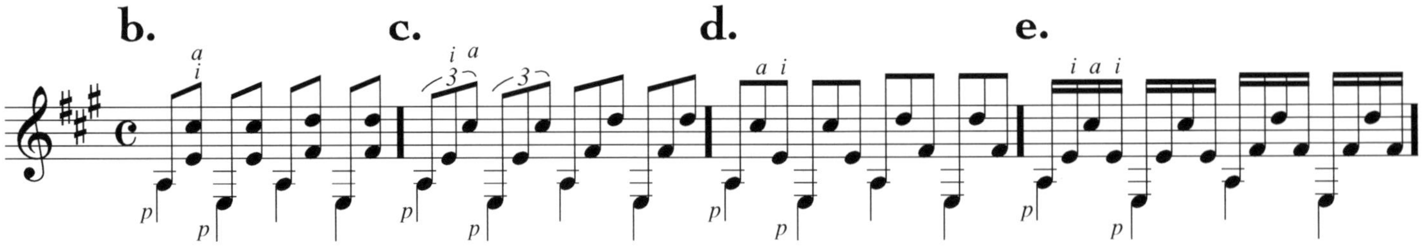

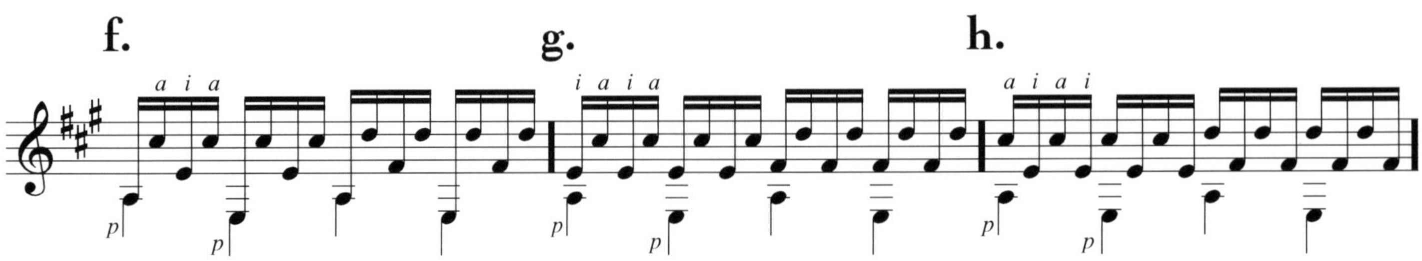

GROUP 3 — *Pic*

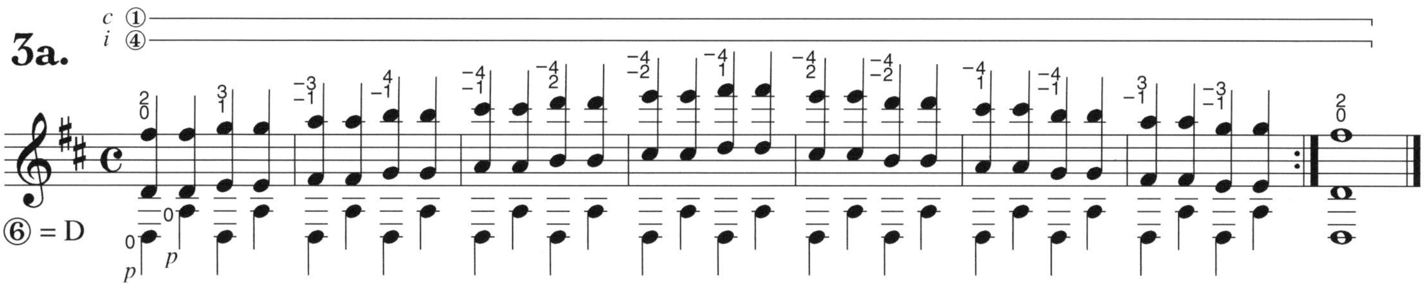

Now, play the following right hand patterns of Exercises 3b-3h utilizing the progression presented in Exercise 3a.

[Ahora, toque el siguiente grupo de ejercicios para la mano derecha (3b-3h), utilizando la progresión del Ejercicio 3a.]

GROUP 4 — *Pma*

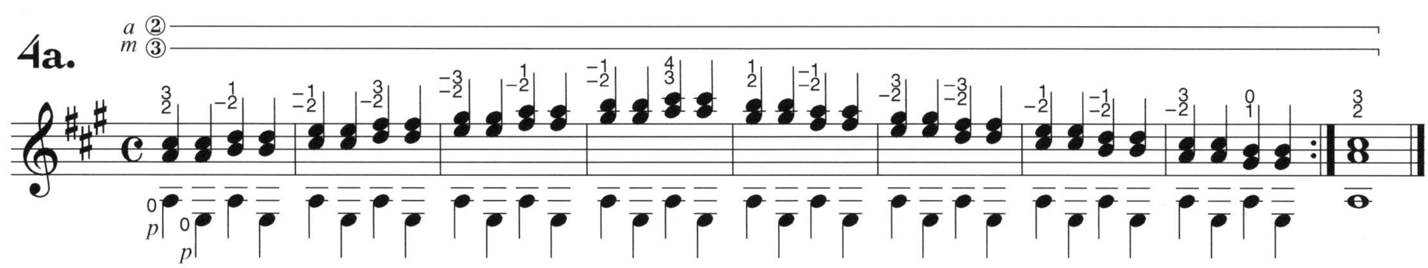

Now, play the following right hand patterns of Exercises 4b-4h utilizing the progression presented in Exercise 4a.

[Ahora, toque el siguiente grupo de ejercicios para la mano derecha (4b-4h), utilizando la progresión del Ejercicio 4a.]

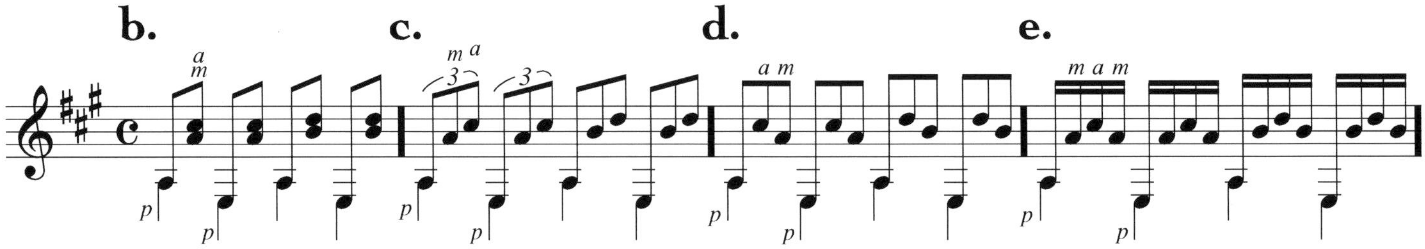

GROUP 5 — *Pmc*

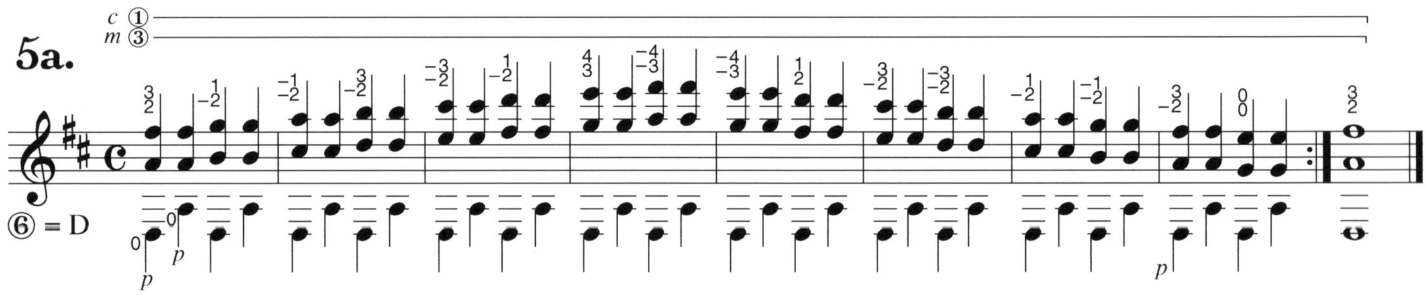

Now, play the following right hand patterns of Exercises 5b-5h utilizing the progression presented in Exercise 5a.

[Ahora, toque el siguiente grupo de ejercicios para la mano derecha (5b-5h), utilizando la progresión del Ejercicio 5a.]

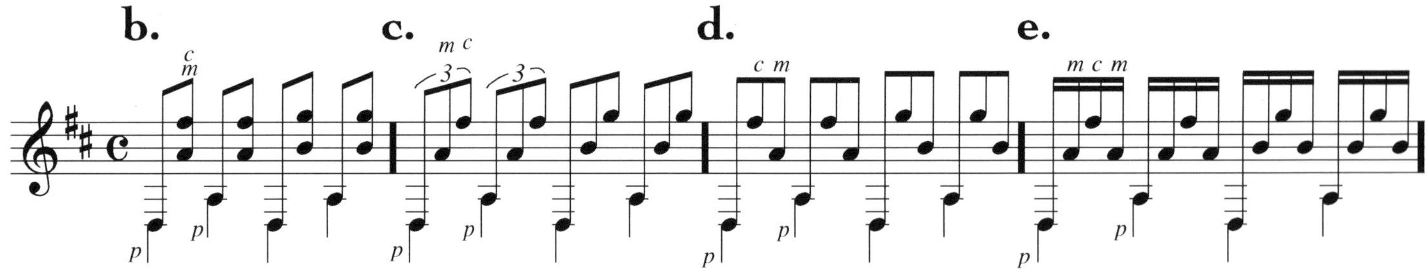

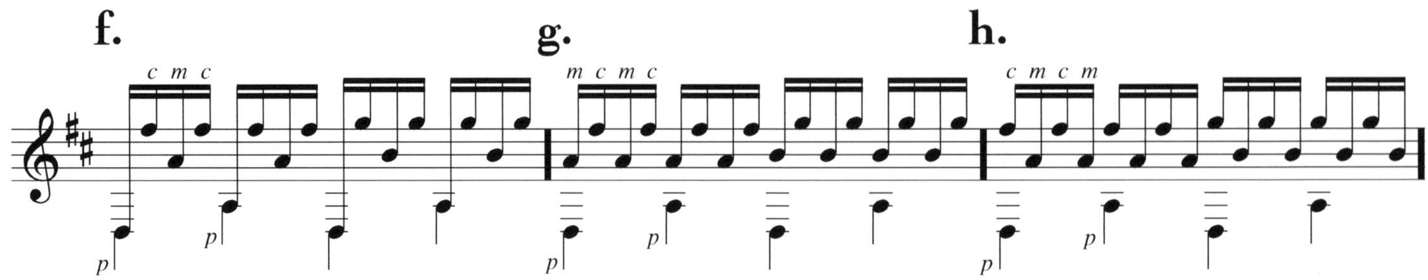

6a.

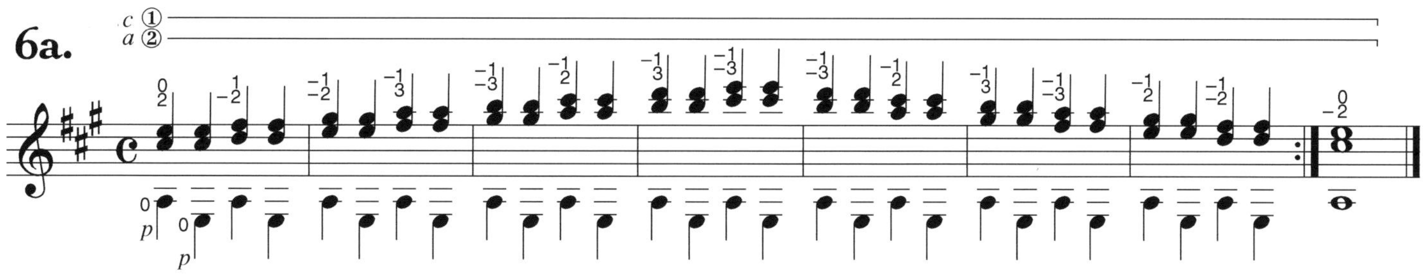

Now, play the following right hand patterns of Exercises 6b-6h utilizing the progression presented in Exercise 6a.

[Ahora, toque el siguiente grupo de ejercicios para la mano derecha (6b-6h), utilizando la progresión del Ejercicio 6a.]

b. c. d. e. f. g. h.

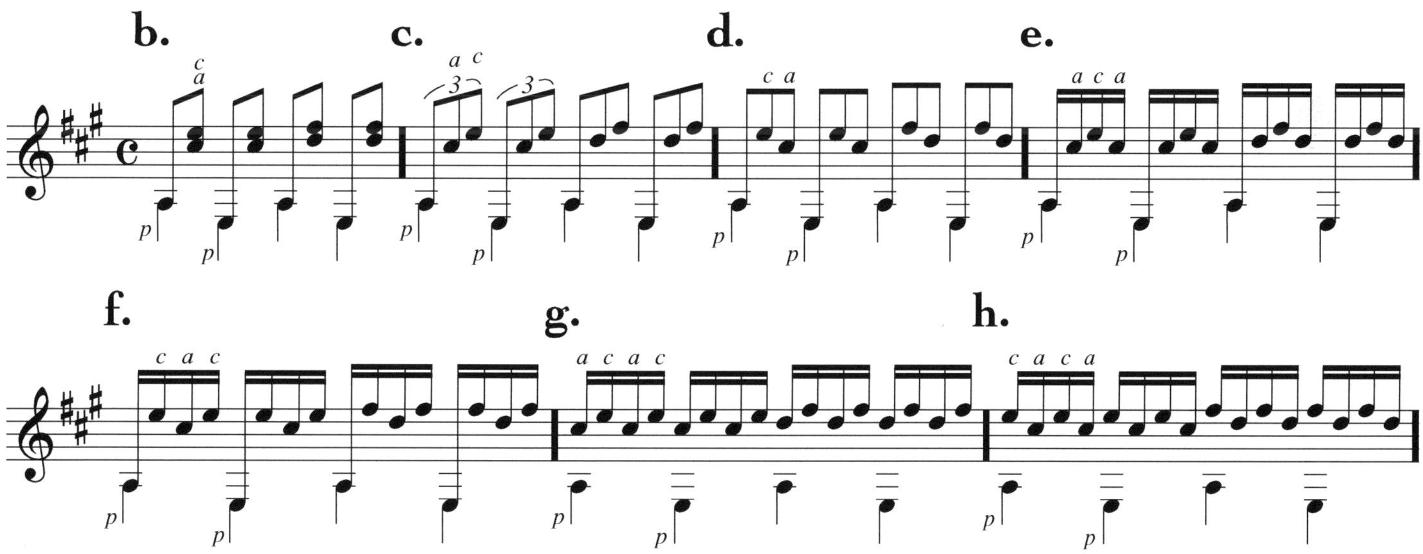

C. STUDIES FOR THE THUMB AND THREE FINGERS

(ESTUDIOS PARA EL PULGAR Y TRES DEDOS)

The studies do not have to be practiced in the strict order as presented. They could be practiced in the order of 1a, 2a, 3a,..., then 1b, 2b, 3b, ..., etc. before playing in the given order of 1a,b,c,..., 2a,b,c,..., etc.

[**Los estudios no se tienen que practicar en el orden presentados**. Se pueden practicar en el orden de 1a, 2a, 3a,..., después 1b, 2b, 3b, ..., etc. antes de tocarlos en el orden dado de 1a,b,c..., 2a,b,c,..., etc.]

GROUP 1 – *Pima*

Exercise 1a is a progression of parallel triads in E major up and down the third, fourth and fifth strings, while playing the open second and sixth strings as pedal tones. The unused little finger can be taught to relax, and be independent, by gently touching (preparing) on the first string, in a proper playing position, throughout Exercises 1a- 1m.

[El Ejercicio 1a es una progresión de triadas paralelas en Mi mayor subiendo y bajando por la tercera, la cuarta y la quinta cuerda, tocando a la misma vez la segunda y la sexta cuerda como notas fijas. El dedo meñique, que no se usa en este ejercicio, se puede entrenar a relajar y ser independiente, descansándolo en la primera cuerda, de manera apropiada para tocar, a lo largo de estos ejercicios (1a a 1m).]

1a.

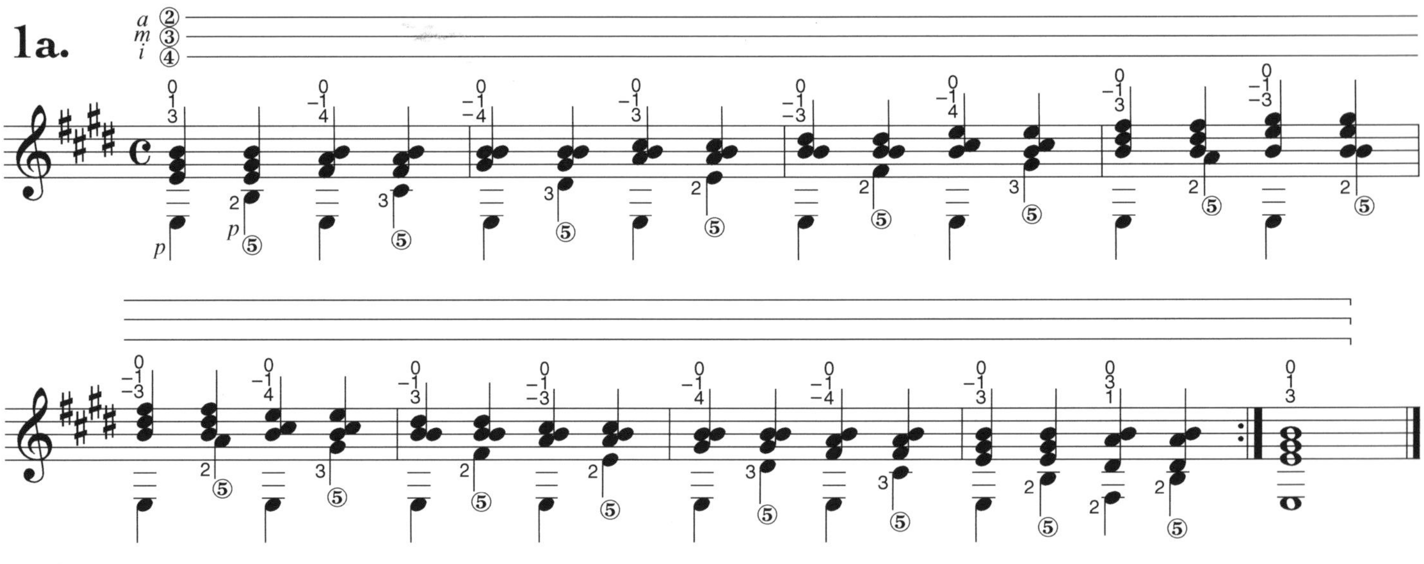

Now, play the following right hand patterns of Exercises 1b-1m up and down the progression presented in Exercise 1a.

[Ahora, toque el siguiente grupo de ejercicios para la mano derecha (1b-1m) utilizando la progresión del Ejercicio 1a.]

By adding the open first string pedal tone to the Exercise 1a progression (p. 24), some of the above exercises will prove beneficial to moving the right hand across the strings, as follows:

[Al añadir la primera cuerda al aire a la progresión del Ejercicio 1a (p. 24), algunos de los ejercicios anteriores beneficiarán el movimiento de la mano derecha por las cuerdas, de la siguiente manera:]

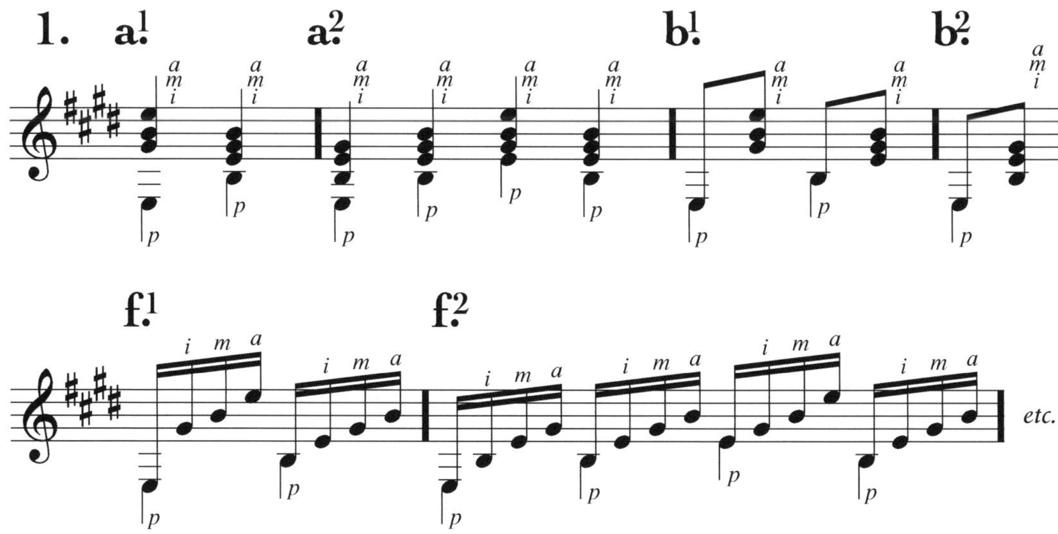

GROUP 2 — *Pimc*

Exercise 2a is the same progression as Exercise 1a, except that the open first string replaces the open second-string pedal tone. The unused ring finger can be taught to relax, and be independent, by gently touching (preparing) on the second string, in a proper playing position, throughout Exercises 2a-2m.

[El Ejercicio 2a sigue la misma progresión que el ejercicio 1a, excepto que la primera cuerda al aire reemplaza a la segunda. Al dedo anular, que no se usa en este ejercicio, se le puede entrenar a relajar y ser independiente descansándolo en la segunda cuerda, de manera apropriada para tocar, a lo largo de estos ejercicios (2a a 2m).]

2a.

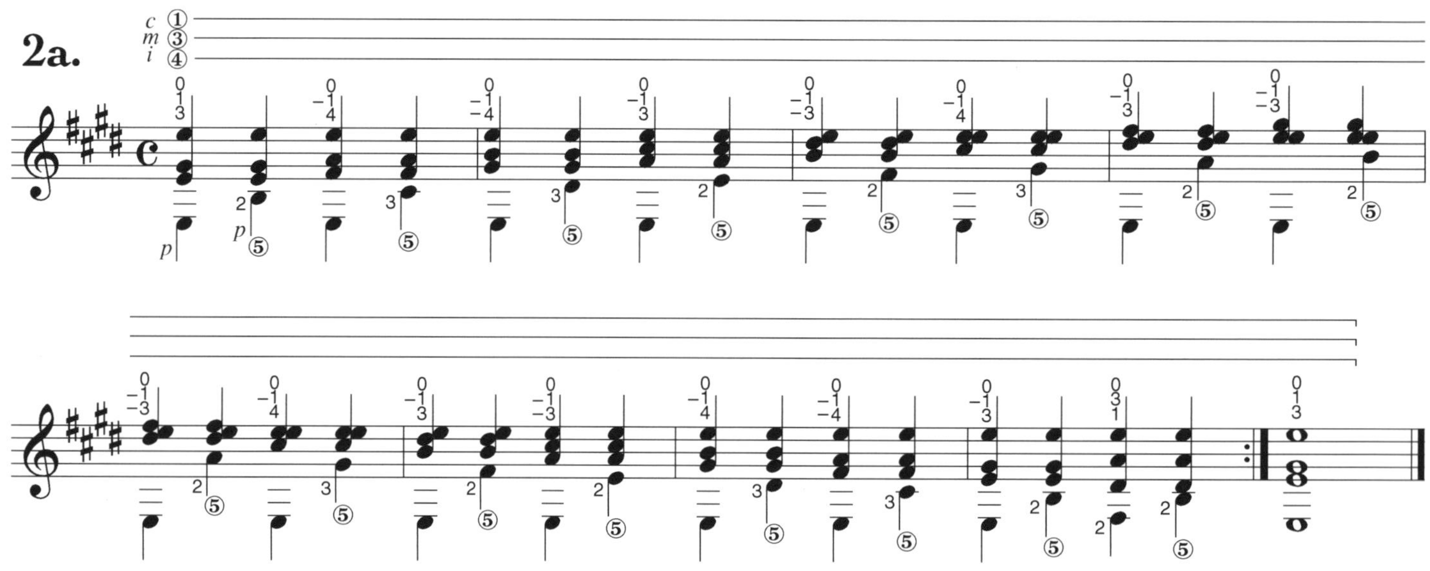

Now, play the following right hand patterns of Exercises 2b-2m up and down the progression presented in Exercise 2a.

[Ahora toque el siguiente grupo de ejercicios para la mano derecha (2b a 2m) utilizando la progresión del Ejercicio 2a, subiendo y bajando.]

GROUP 3 – *Piac*

Exercise 3a is a progression in A Major up and down the first, second and fourth strings, while playing the open fifth and sixth strings as bass pedal tones. The unused middle finger can be taught to relax by gently touching (preparing) on the third string, in a proper playing position, throughout Exercises 3a-3m.

[El Ejercicio 3a es una progresión en La mayor subiendo y bajando por la primera, la segunda y la cuarta cuerda, tocando al mismo tiempo la quinta y sexta cuerda al aire como bajos fijos. El dedo medio, que no se usa en este ejercicio, se puede entrenar a relajar descansándolo en la tercera cuerda, de manera apropiada para tocar, a lo largo de estos ejercicios (3a a 3m).]

3a.

Now, play the following right hand patterns of Exercises 3b-3m up and down the progression presented in Exercise 3a.

[Ahora toque los siguientes ejercicios para la mano derecha (3b a 3m) utilizando la progresión del Ejercicio 3a.]

GROUP 4 — *Pmac*

Exercise 4a is a progression of parallel triads in A Major up and down the first three strings, while playing the open fifth and sixth strings as bass pedal tones, as in Exercise 3a. The unused index finger can be taught to relax by gently touching (preparing) on the fourth string, in a proper playing position, throughout Exercises 4a-4m.

[El Ejercicio 4a es una progresión de triadas paralelas en La mayor subiendo y bajando por las primeras tres cuerdas, tocando al mismo tiempo la quinta y sexta cuerda al aire como bajos fijos, como en el Ejercicio 3a. El dedo indice, que no se usa en este ejercicio, se puede entrenar a relajar descansándolo en la cuarta cuerda, de manera apropriada para tocar, a lo largo de estos ejercicios (4a a 4m).]

4a.

Now, play the following right hand patterns of Exercises 4b-4m up and down the progression presented in Exercise 4a.

[Aplique ahora a esta progresión, los patrones de digitación seguidamente anotados (4b a 4m).]

D. STUDIES FOR THE THUMB AND FOUR FINGERS

(ESTUDIOS PARA EL PULGAR Y CUATRO DEDOS)

Exercise 1 is a progression of parallel triads in A Major up and down the second, third and fourth strings, while playing the open first, fifth and sixth strings as pedal tones.

[El Ejercicio 1 es una progresión de triadas paralelas en La mayor subiendo y bajando por la segunda, la tercera y la cuarta cuerda, tocando al mismo tiempo la primera, la quinta y la sexta cuerda al aire como bajos fijos.]

1.

Now, play all of the right hand patterns in the exercises of Groups 1-6 up and down the progression of Exercise 1. The six groups are arranged in sub-groups of three to seven exercises each. Using Group 1 as an example, it is best to initially practice the following order - 3a, 4a, 5a, 6a; next, practice 3b, 4b, 5b, 6b; finally, practice 3c, 4c, 5c, 6c. Then it would be good to practice in the given order of 1a,b,c, then 2a,b,c, etc. Follow this example for the practice order of Groups 2-6.

[Toque todas las fórmulas dadas para la mano derecha (Grupos 1 a 6) aplicándolas al Ejercicio 1. Estos seis grupos están organizados en subgrupos de tres a siete ejercicios cada uno. Como ejemplo usaremos el Grupo 1, al principio es mejor practicarlo en el siguiente orden — 3a, 4a, 5a, 6a; después practique 3b, 4b, 5b, 6b; finalmente practique 3c, 4c, 5c, 6c. Después sería buena idea practicarlos en el orden dado de 1a,b,c, seguido de 2a,b,c, etc. Siga este ejemplo como orden de práctica de los Grupos 2 a 6.]

GROUP 1

GROUP 2

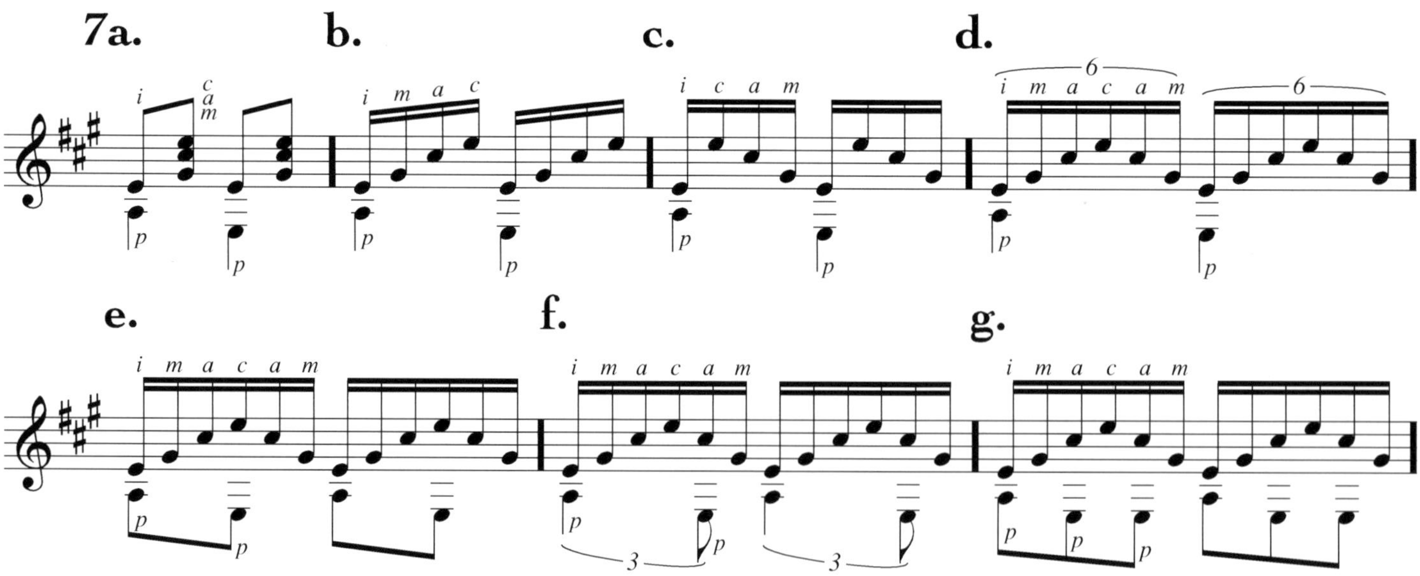

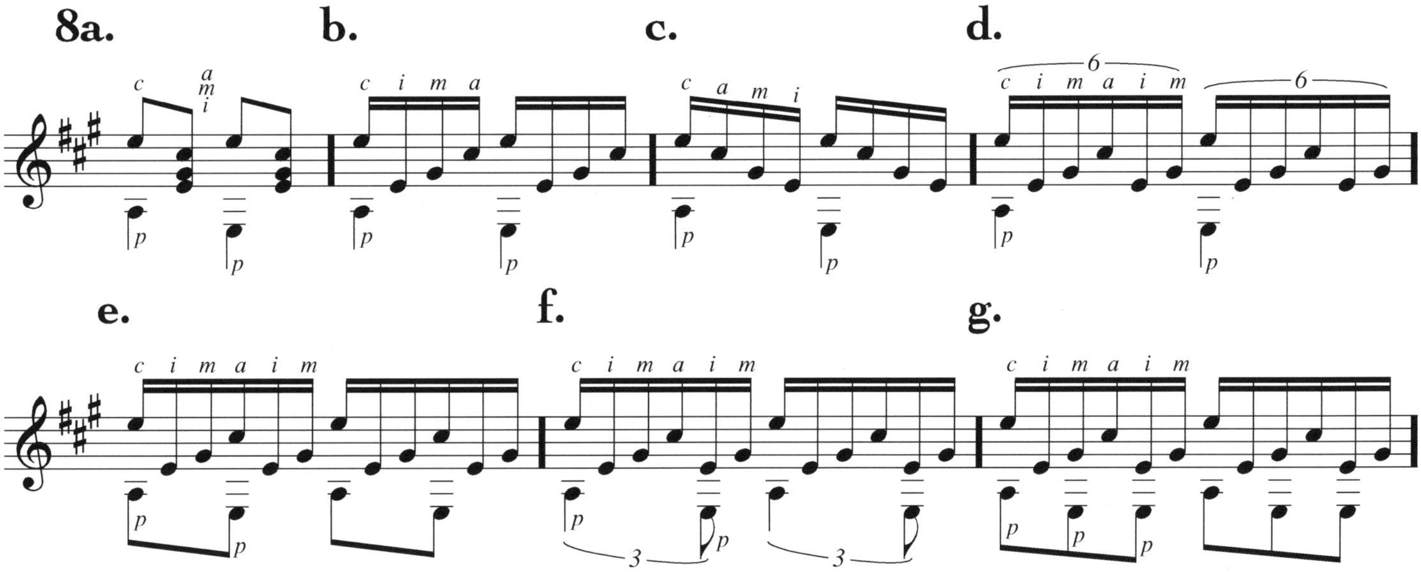
8a.
b.
c.
d.
e.
f.
g.
c a m i
c i m a
c a m i
c i m a i m
6
6
c i m a i m
c i m a i m
c i m a i m
p
3

9a.
b.
c.
d.
e.
f.
g.
m c a i
m i a c
m c a i
m i a c i a
6
6
m i a c i a
m i a c i a
m i a c i a
p
3

10a.
b.
c.
d.
e.
f.
g.
a c m i
a i m c
a c m i
a i m c i m
6
6
a i m c i m
a i m c i m
a i m c i m
p
3

GROUP 3

17a. **b.** **c.** **d.**

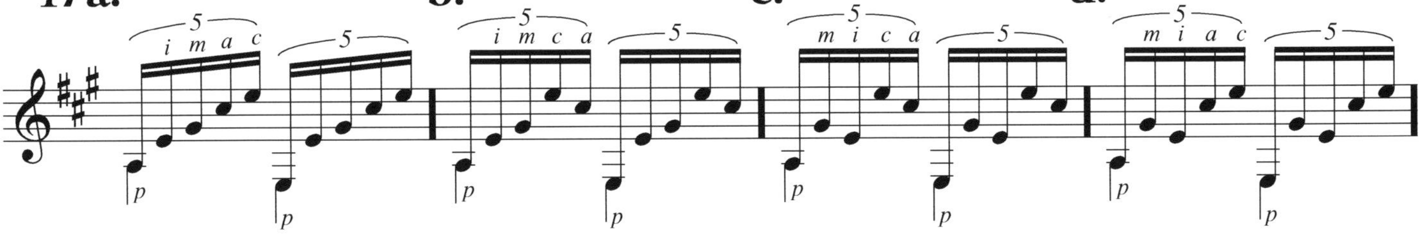

18a. **b.** **c.** **d.**

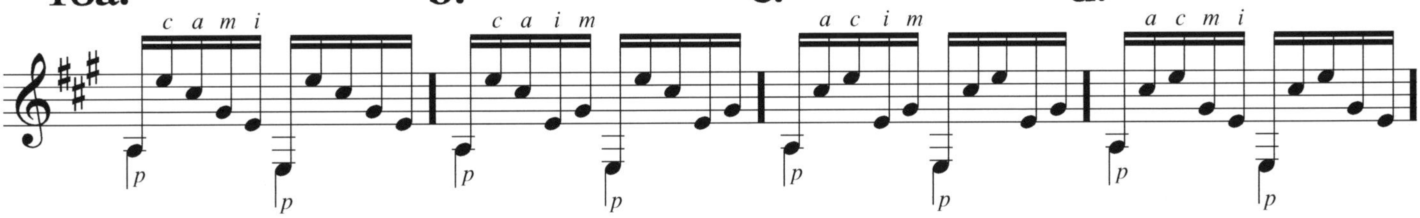

19a. **b.** **c.** **d.**

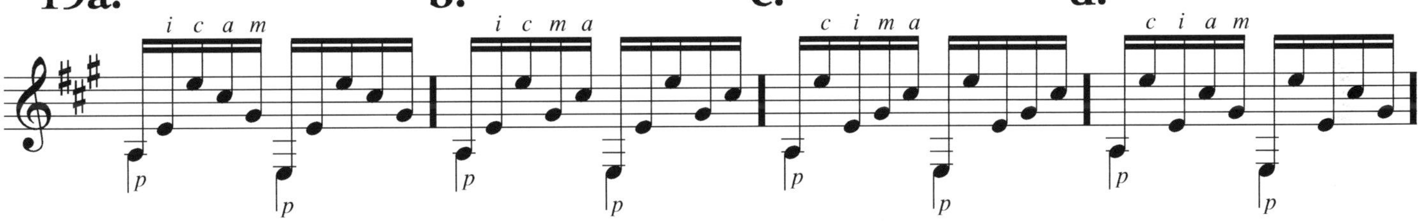

20a. **b.** **c.** **d.**

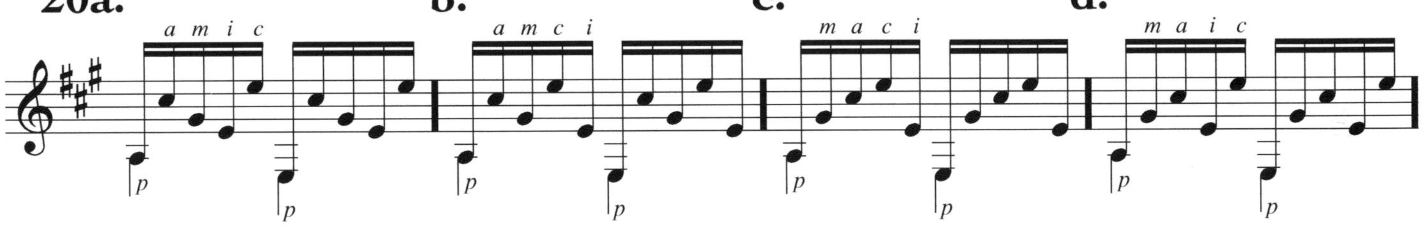

21a. **b.** **c.** **d.**

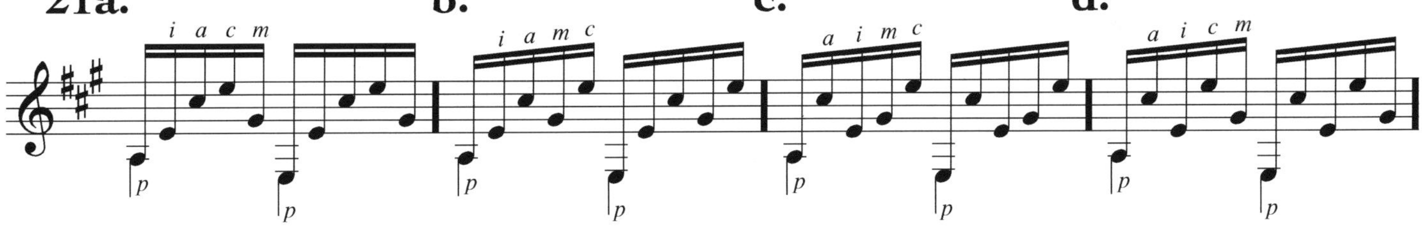

22a. **b.** **c.** **d.**

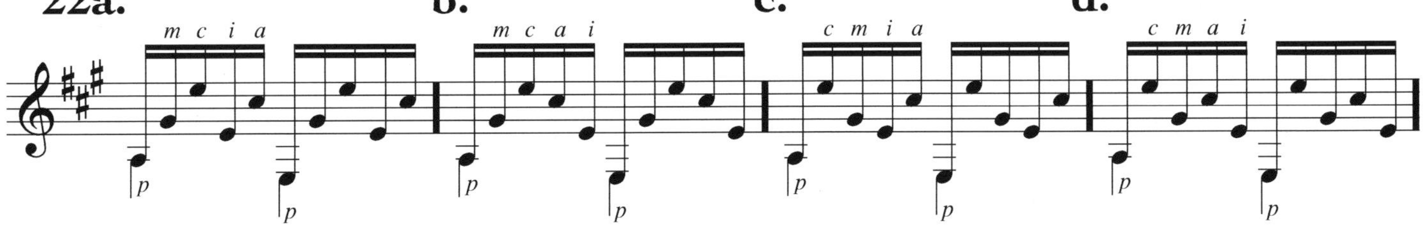

GROUP 5

23a. **b.** **c.**

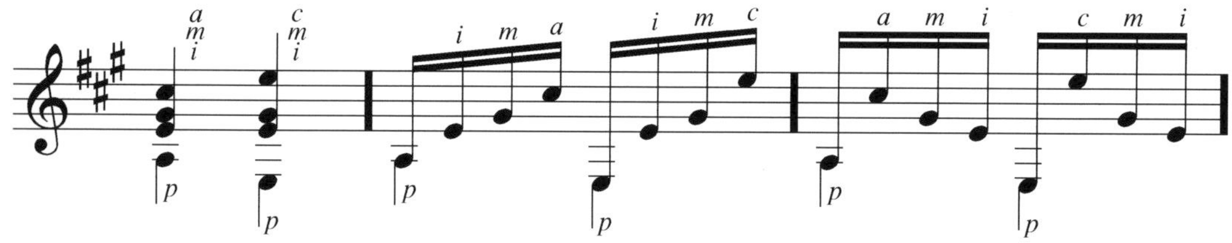

24a. **b.** **c.**

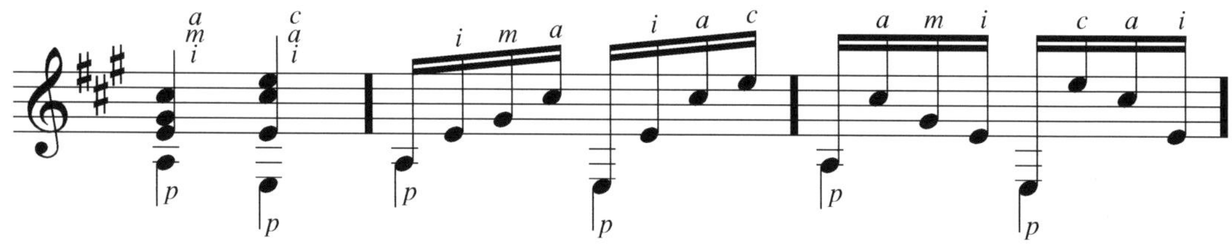

25a. **b.** **c.**

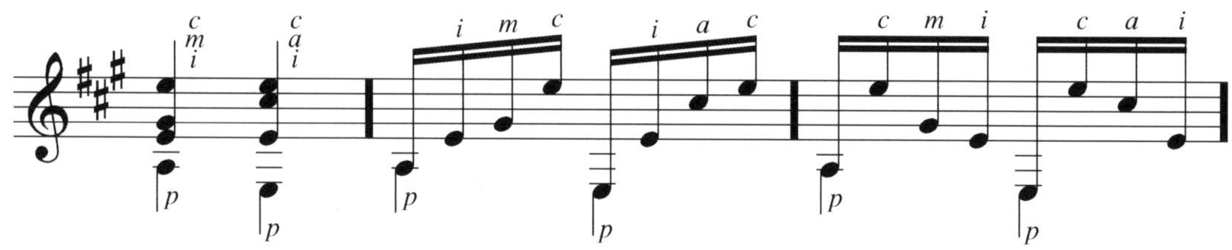

26a. **b.** **c.**

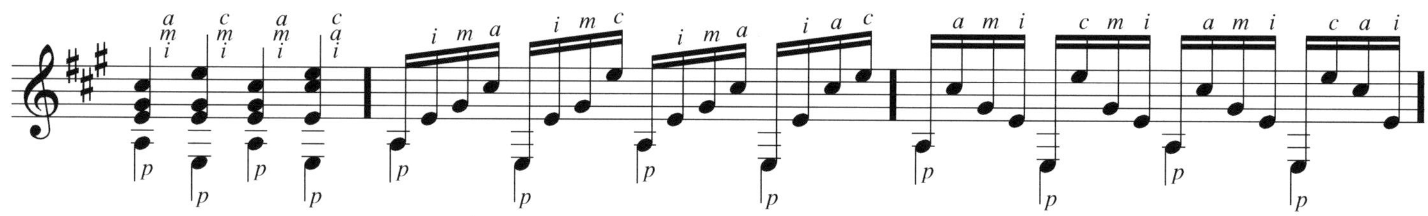

27a. **b.** **c.**

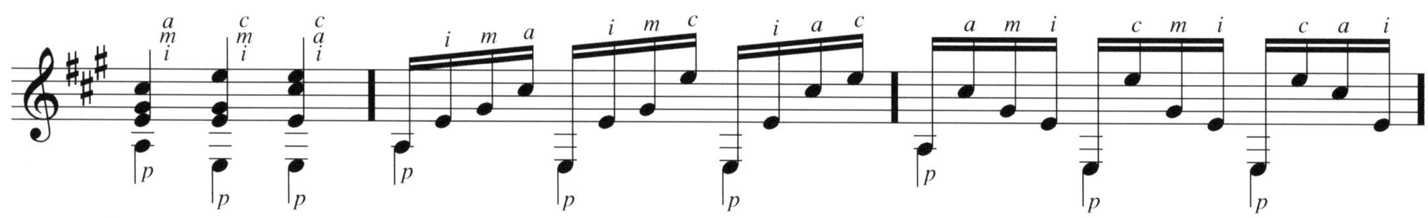

GROUP 6

28a. **b.** **c.**

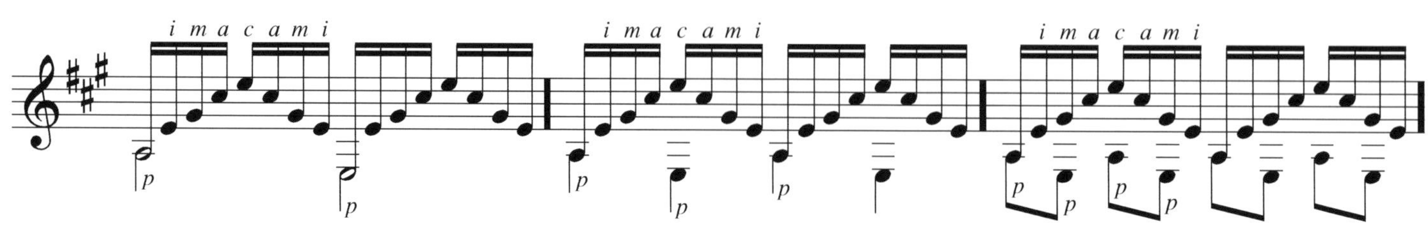

29a. **b.** **c.**

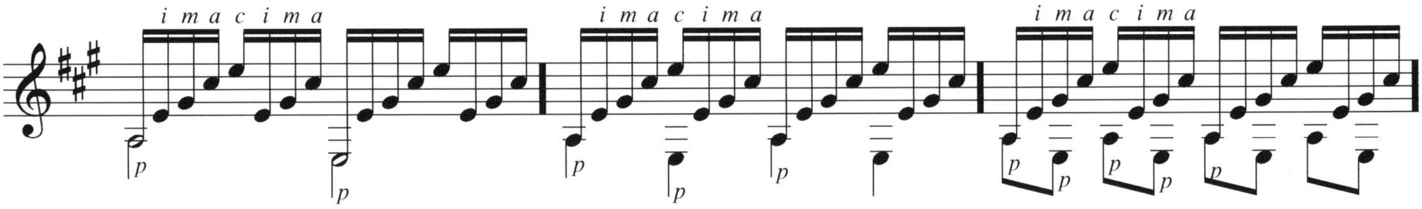

30a. **b.** **c.**

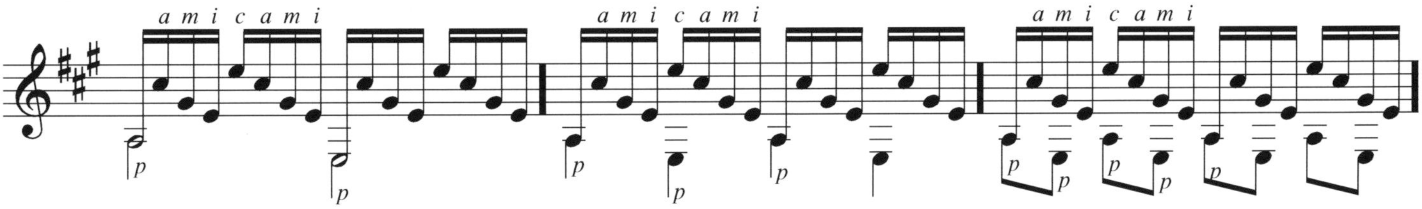

31a. **b.** **c.**

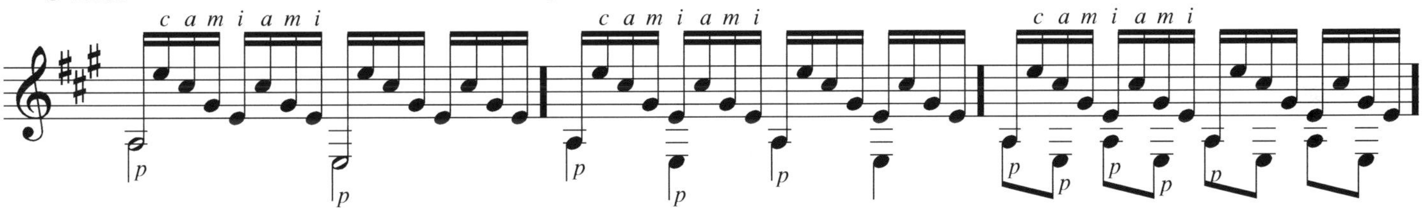

32a. **b.** **c.**

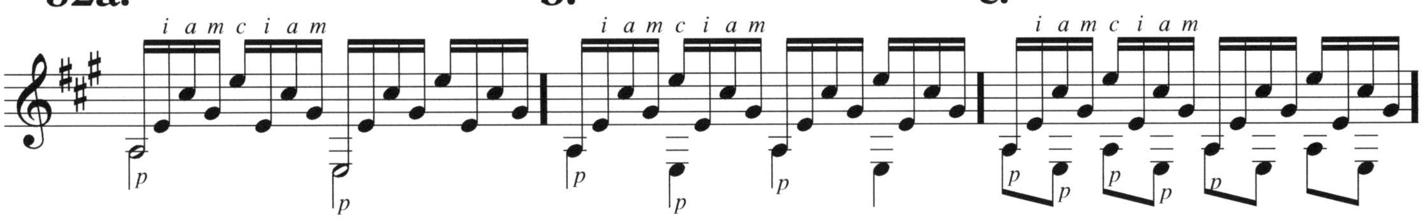

33a. **b.** **c.**

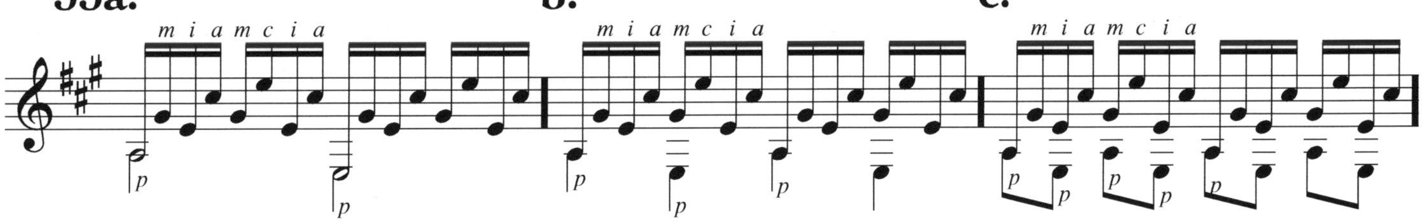

34a. **b.** **c.**

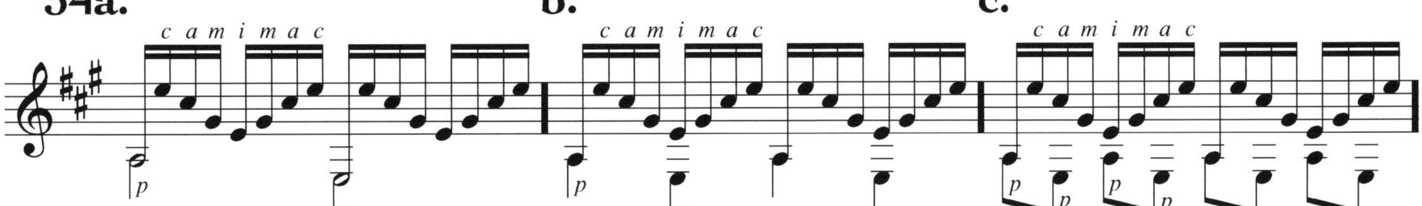

II. TREMOLO STUDIES

(ESTUDIOS DE TRÉMOLOS)

Progression of parallel triads in E Major up and down the third, fourth and fifth strings, while playing the open first, second and sixth strings as pedal tones, same as the progression for the THUMB AND THREE FINGERS — *Pima* (Ex. 1a, page 24) and *Pimc* (Ex. 2a, page 26):

[Progresión de triadas paralelas en Mi mayor subiendo y bajando por la tercera, la cuarta y la quinta cuerda, tocando al mismo tiempo la primera, la segunda y la sexta cuerda al aire como notas pedales, igual que en la progresión para el PULGAR Y TRES DEDOS — *Pima* (Ej. 1a, p. 24) y *Pimc* (Ej. 2a, p. 26):]

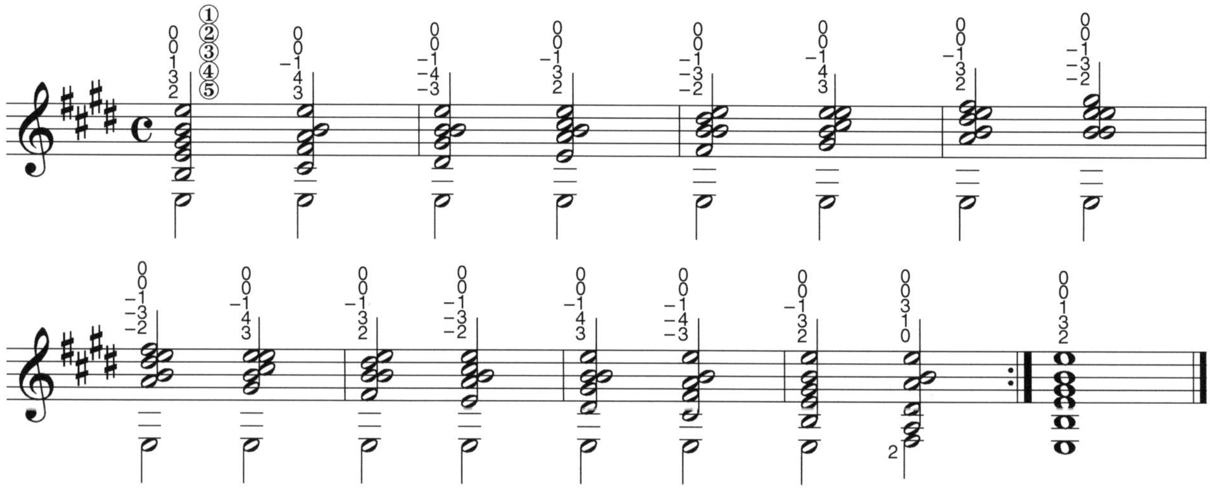

Now, play the following tremolo patterns up and down this progression:

[Ahora toque los siguientes patrones de trémolos utilizando la progresión dada:]

1a.

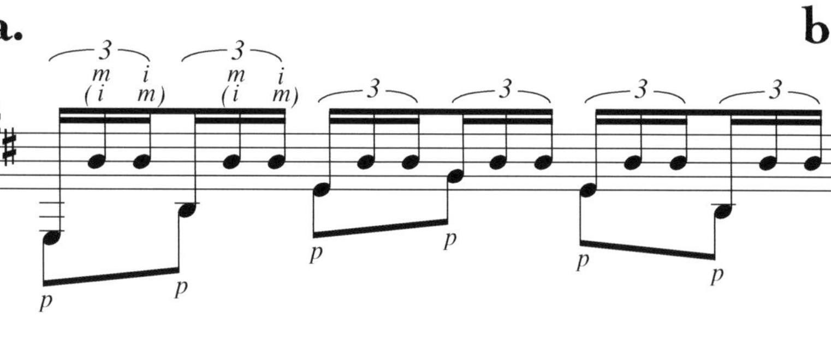

b.

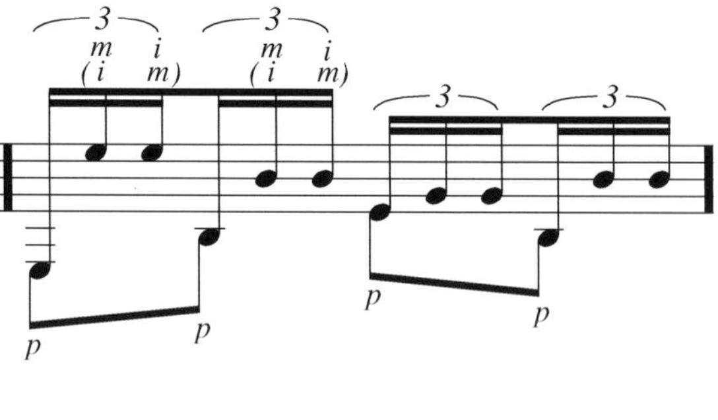

2a.

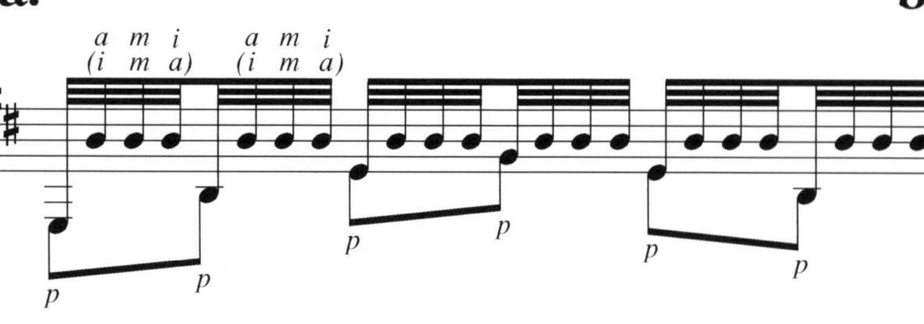

b.

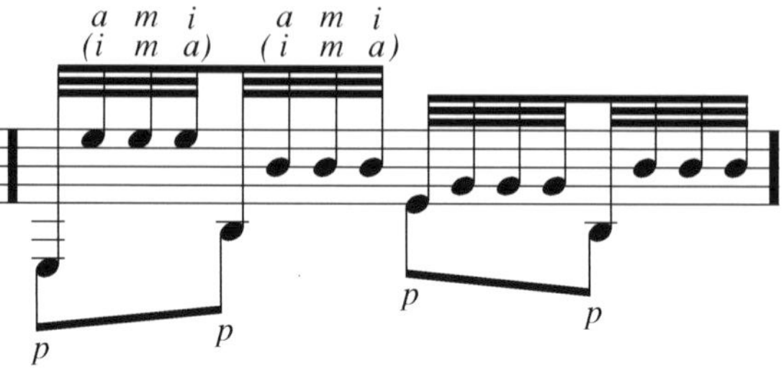

3a. **b.**

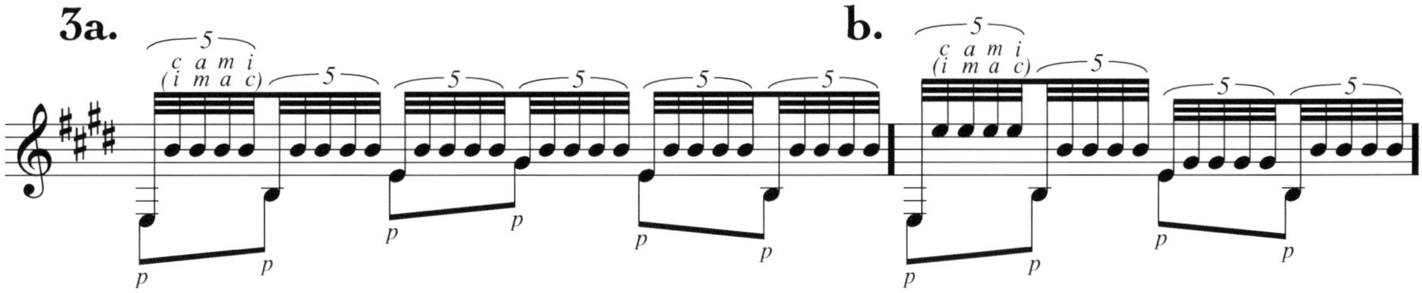

4a. **b.**

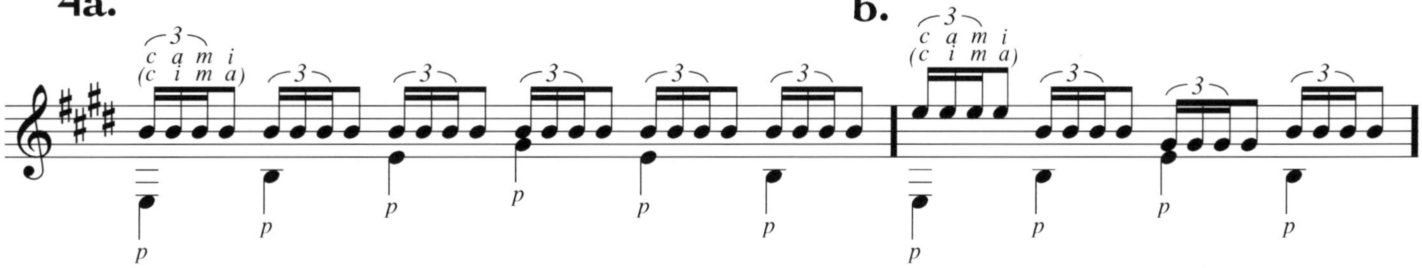

5a. **b.**

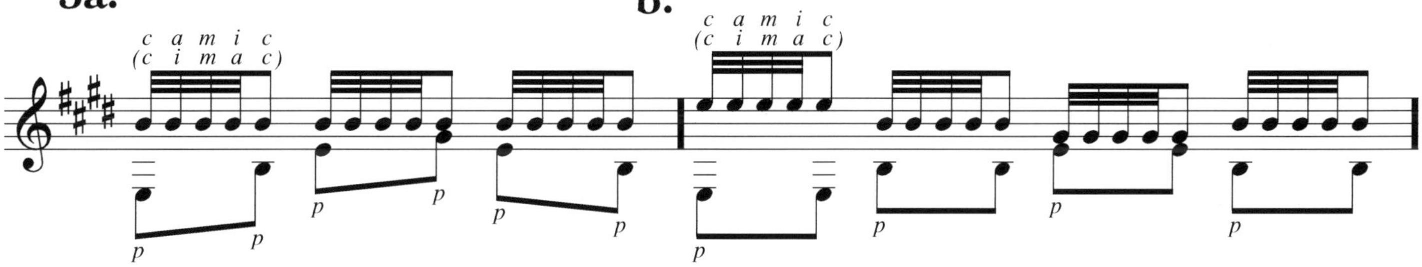

6a. **b.**

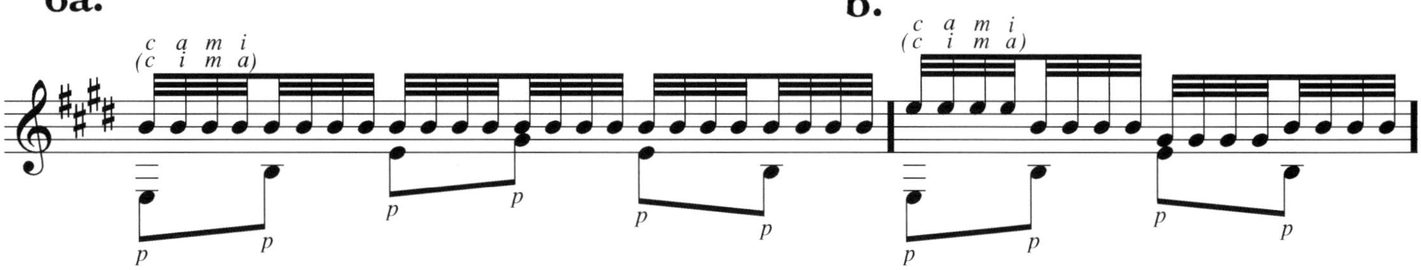

7a. **b.**

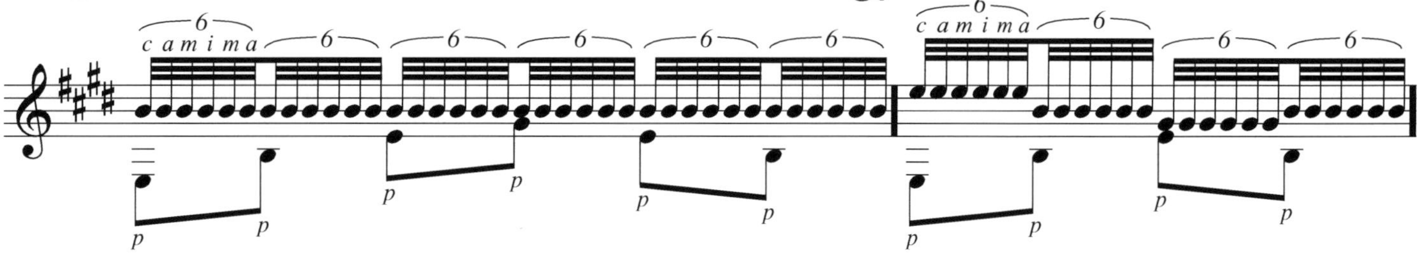

8a. **b.** **c.**

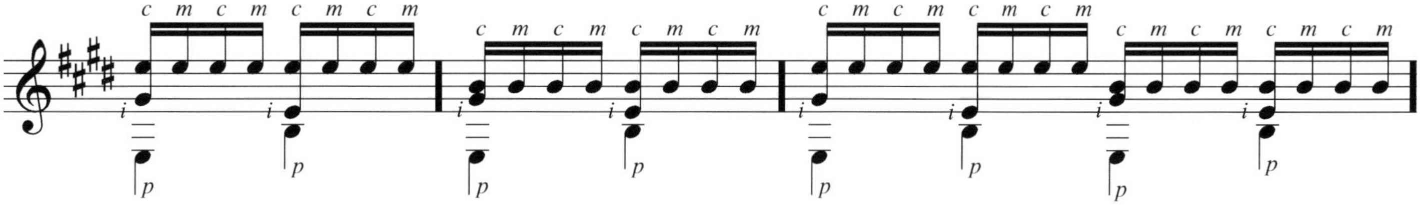

III. RIGHT HAND HARMONICS STUDIES

(ESTUDIOS DE ARMÓNICOS PARA LA MANO DERECHA)

Progression of parallel thirds in E Major up and down the third and fourth strings while playing the open first, second and sixth strings as pedal tones:

[Progresión de terceras paralelas en Mi mayor subiendo y bajando en la tercera y en la cuarta cuerda tocando al mismo tiempo la primera, la segunda y la sexta cuerda al aire como notas pedales:]

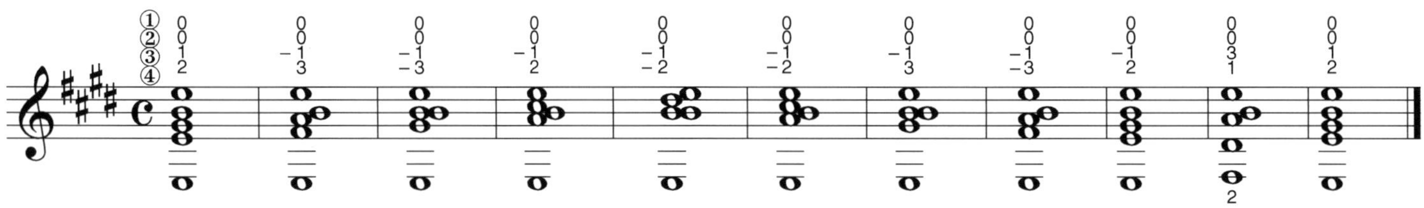

Now, practice the following exercises up and down this progression. When playing right hand harmonics, touch the node with the index finger and pluck the string with the little finger (notated *c/i*). The following exercises are for natural octave harmonics with the node at the twelfth fret, and can be applied to the other natural harmonics and to artificial harmonics, as well. These studies begin with just two notes at a time (bass and harmonic) and increase in density to three and four-note chords which include the harmonic. To develop coordination, it is best to initially separate the harmonic from the accompanying note(s) (exercises marked "a"), then play them as close together as possible (exercises marked "b"), and, finally (the desired result), play the harmonic and accompanying note(s) simultaneously (exercises marked "c").

[Ahora practique los siguientes ejercicios a lo largo de esta progresión. Para tocar los armónicos para la mano derecha, el dedo índice marca el nodo mientras que el meñique pulsa la cuerda (anotada *c/i*). Los siguientes ejercicios son para armónicos naturales (de octava) con el nodo en el duodécimo traste y esta misma técnica es la que se aplica para los otros armónicos naturales y para los armónicos octavados también. Estos estudios empiezan con dos notas a la vez (el bajo y el armónico) para aumentar la destreza a acordes de tres y cuatro notas que incluyen el armónico. Para desarrollar la coordinación, es mejor que, al principio, separe el armónico de la nota o notas que le acompañan (los ejercicios "a"), después tóquelos lo más juntos posible (los ejercicios "b"), y finalmente (el resultado deseado), toque el armónico y las notas que le acompañan simultáneamente (los ejercicios "c").]

1a. **b.** **c.**

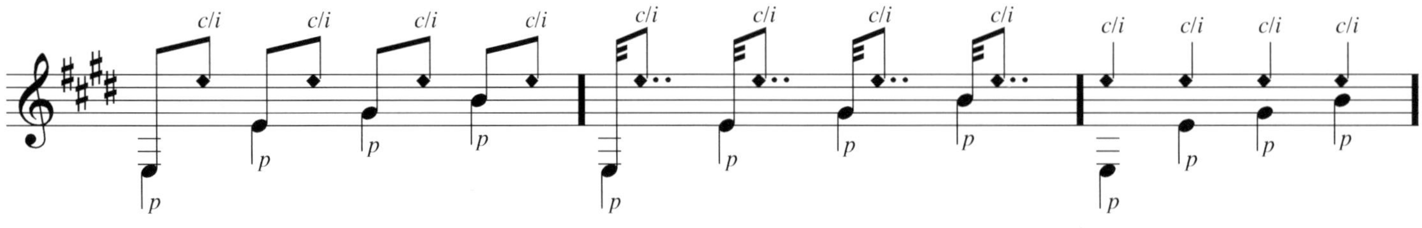

2a. **b.** **c.**

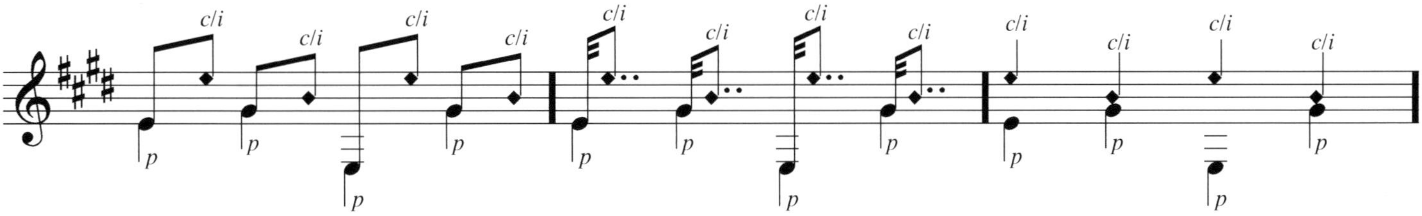

3a. **b.** **c.**

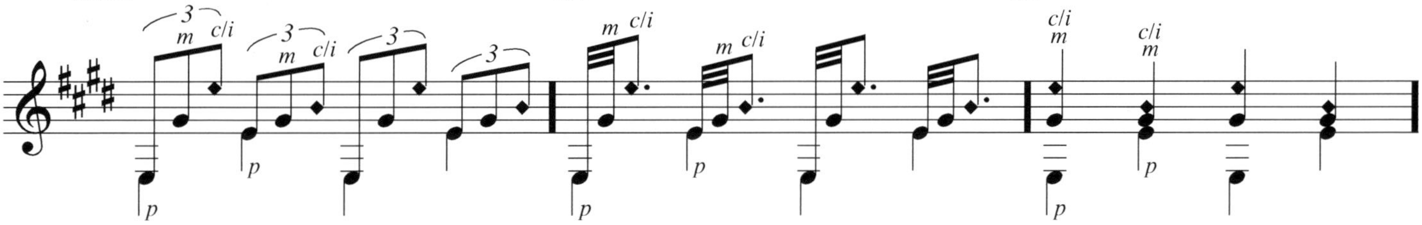

4a. **b.** **c.**

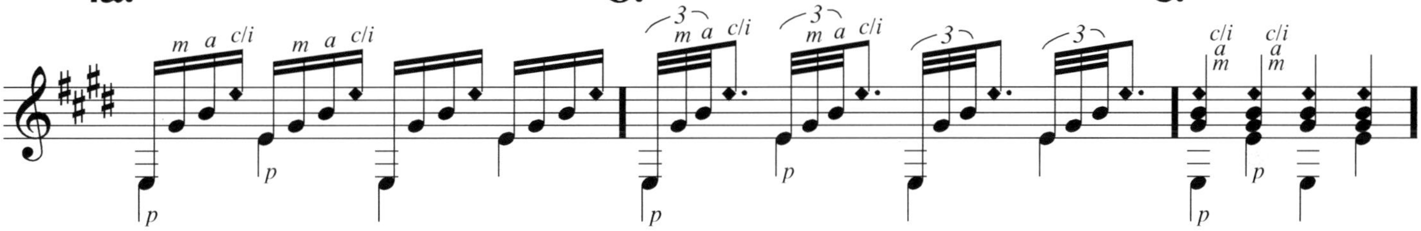

5a. **b.** **c.**

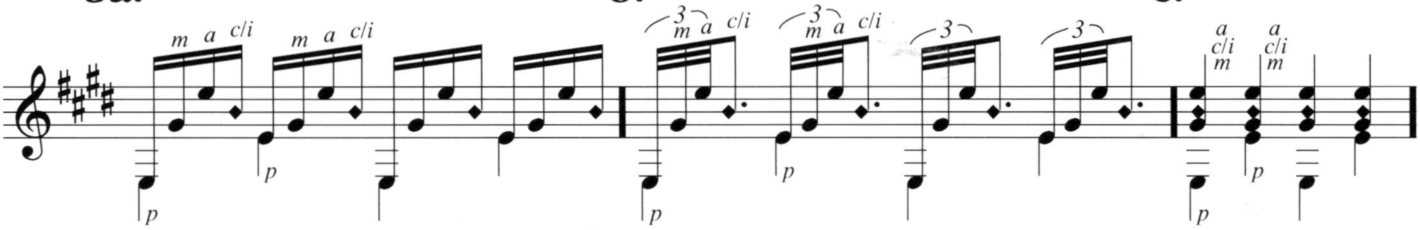

6a. **b.** **c.**

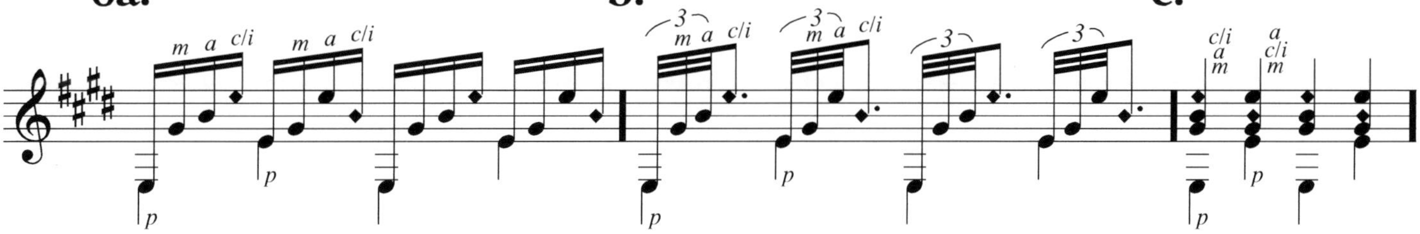

Now practice these harmonics studies, replacing the harmonics at the 12th fret with the natural harmonics at the 19th and 24th frets.

[Ahora practique estos estudios de armónicos reemplazando los armónicos al duodécimo traste con los armónicos naturales en los trastes diecinueve y veinticuatro.]

IV. DEVELOPING THE MELODY FINGERS

(EL DESARROLLO DE LA FUNCIÓN MELÓDICA DE LOS DEDOS)

The little finger is, potentially, the best finger on the right hand to play melodies in conjunction with a single bass note (usually alternating with the middle finger), chord or arpeggio accompaniment. The little finger has more musculature than the other fingers and, when properly trained, can play more strongly than the ring finger, the finger presently used to play most melody notes in the standard four-finger right hand technique. The first three groups can interchange the ring and little fingers, as it may occasionally be advantageous to use the ring finger to play the melody (for purposes of alternation). All melody notes should be played stronger than the accompanying notes and be practiced using both rest and free strokes.

[El dedo meñique es, potencialmente, el mejor dedo de la mano derecha para tocar melodías en conjunto con el acompañamiento de un sólo bajo (normalmente alternando con el dedo medio), un acorde o un arpegio. El dedo meñique tiene más masa muscular que los otros dedos y, cuando se le entrena apropiadamente, puede tocar más fuertemente que el dedo anular, usado hoy día en la técnica de cuatro dedos como el dedo principal para tocar la melodía. Los primeros tres grupos deben intercambiar el dedo anular y el meñique para tocar la melodía ya que puede resultar provechoso usar el dedo anular para tocar la melodía(con el fin de alternar). Todas las notas de melodía se deben tocar con más fuerza que las notas de acompañamiento y se deben practicar apoyando y tirando.]

PROGRESSION: The following studies are to be played over the E major triad progression from the previous TREMOLO STUDIES section (p. 36).

[PROGRESIÓN: Los siguientes estudios se deben tocar en la progresión de triadas en Mi mayor vistas en la sección anterior de ESTUDIOS DE TRÉMOLOS (p. 36).]

1a. **b.**

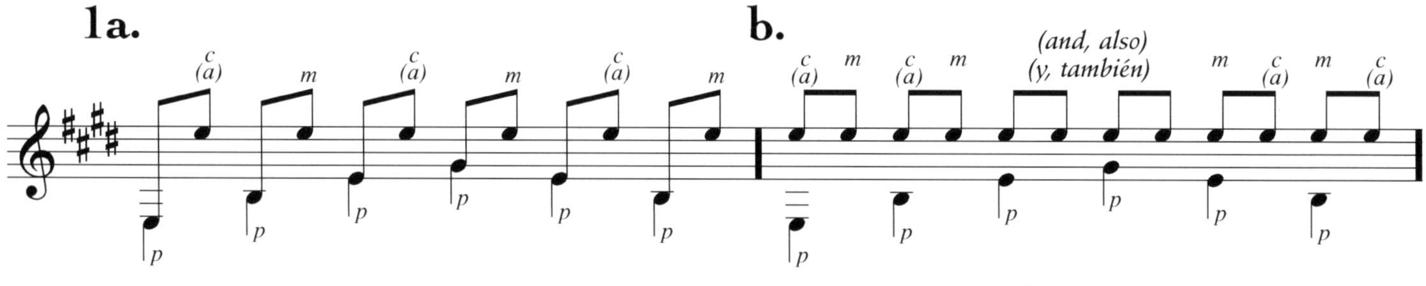

c. **d.**

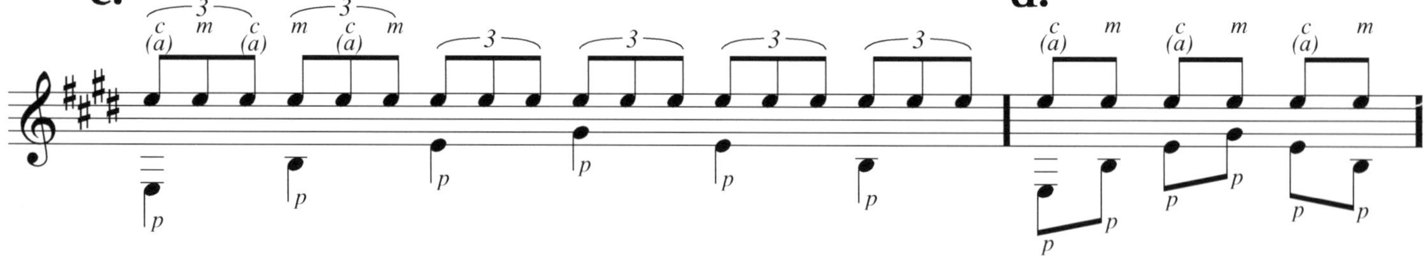

2a. **b.**

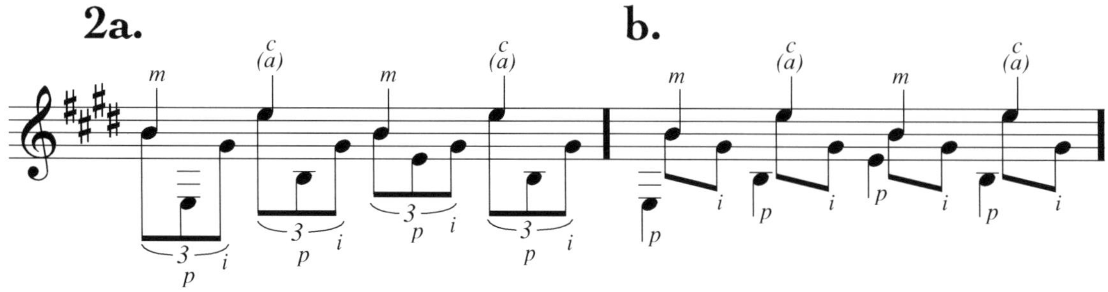

3a. b. c. d. e.

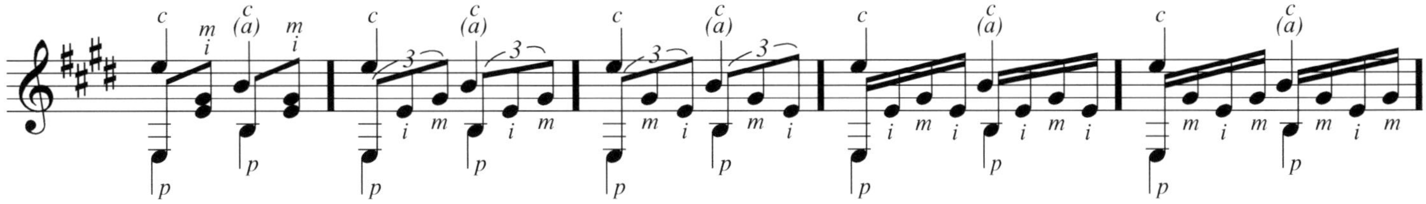

4a. b. c. d.

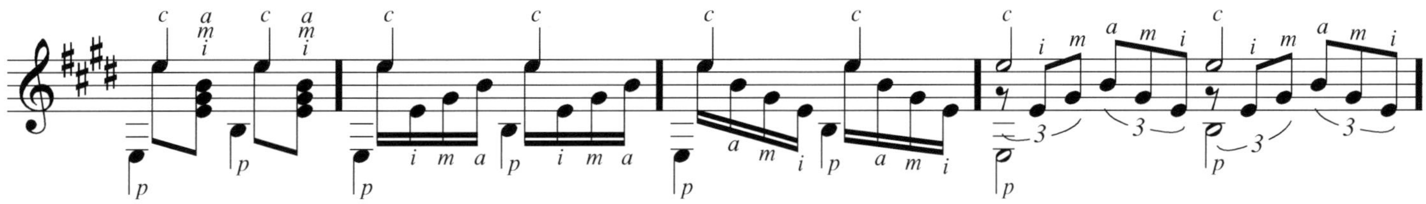

Occasionally, the melody note(s) will be on the second or third string with accompanying notes on the strings above and below, as shown in the following exercises:

[A veces la melodía estará en la segunda o en la tercera cuerda con las notas de acompañamiento en las cuerdas de arriba y de abajo, como se muestra en los siguientes ejercicios:]

5a. b. c.

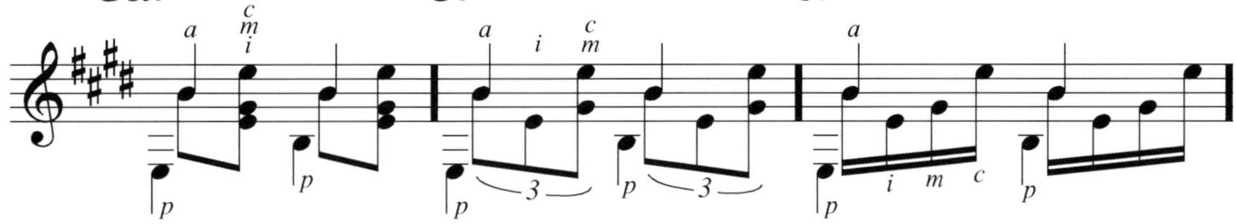

6a. b. c.

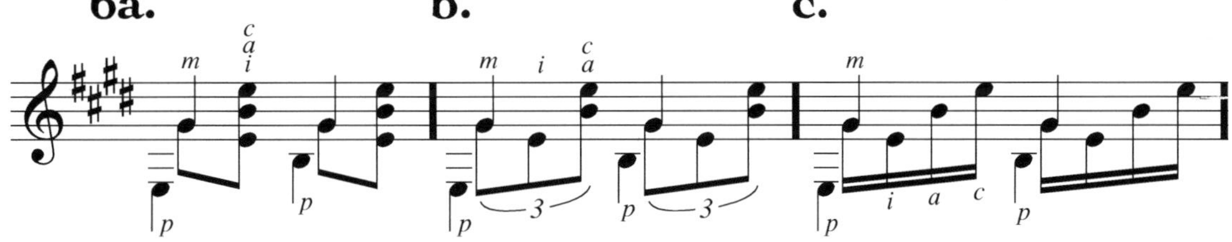

7a. b. c.

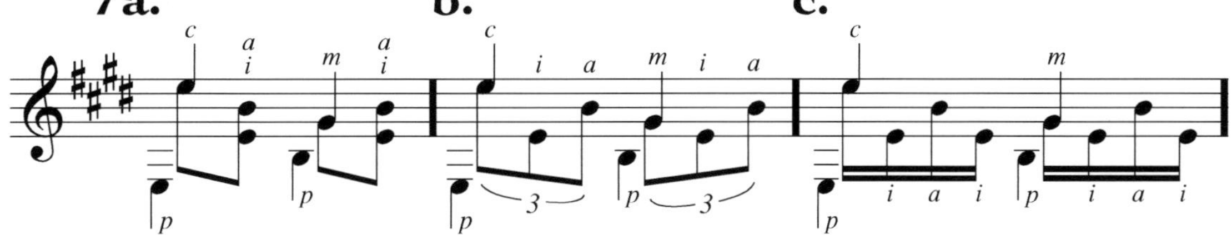

8a. b. c.

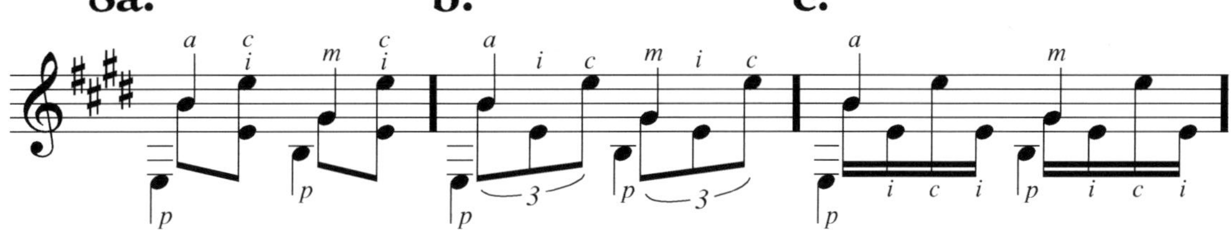

V. PREPARATION STUDIES FOR SPECIFIC PIECES

(ESTUDIOS DE PREPARACIÓN PARA PIEZAS ESPECÍFICAS)

The studies contained in this book are numerous and intended to train and prepare the entire right hand for the many different chord, arpeggio, tremolo and harmonics patterns that the guitarist will encounter. Most of the patterns that the guitarist must master in order to play the standard repertoire are contained in this book. And, these studies are intended to prepare the guitarist to more quickly solve other patterns, not contained in this book, that might occur. I have chosen five standard repertoire pieces to demonstrate how the guitarist can invent specific studies to master specific right-hand problems. Four of the pieces here are contained in the ***HOMAGE TO VILLA LOBOS*** book and CD (MB 98711 and MB 98711CD). The sections chosen here take advantage of the little finger.

[Este libro contiene numerosos estudios y tienen el propósito de entrenar y preparar a toda la mano derecha para los distintos patrones de acordes, arpegios, trémolos y armónicos con los que se pueda encontrar un guitarrista. Casi todos los patrones del repertorio guitarrístico están incluídos en este libro. Además, estos estudios tienen el propósito de preparar al guitarrista para resolver más rápidamente otros problemas no tratados aquí. He escogido cinco piezas del repertorio tradicional para mostrar cómo el guitarrista puede inventarse sus propios estudios para dominar problemas específicos de la mano derecha. Cuatro de las piezas que se incluyen aquí también se encuentran en el libro y CD, ***HOMENAJE A VILLA LOBOS*** (MB 98711 y MB 98711CD). Las secciones que he escogido aquí muestran la ventaja del uso del dedo meñique.]

A. FERNANDO SOR – STUDY IN E MINOR: OP. 6, NO. 11

(Segovia Edition #17)

For the following studies, use the progression for THUMB AND FOUR FINGERS – Ex. 1, page 29.

[Use la progresión para EL PULGAR Y CUATRO DEDOS – Ej. 1, p. 29]

1. Practice the right hand pattern of the first two measures, on each chord in the progression, as follows:

   [Practique el patrón de los dos primeros compases para la mano derecha, en cada acorde de la progresión, de la siguiente manera:]

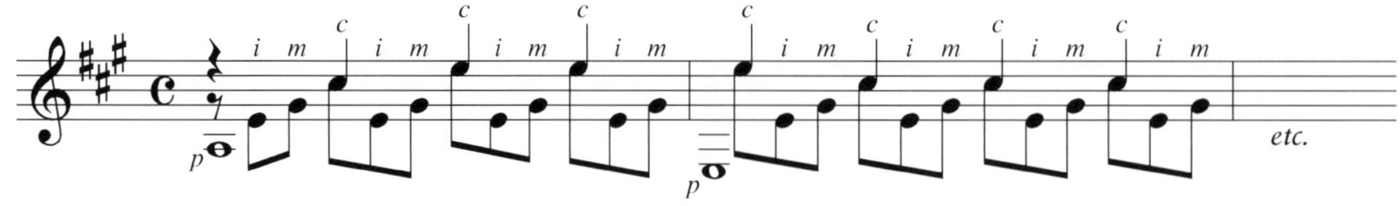

2. For measure 4, play two measures on each chord, alternating the bass note from the fifth to the sixth strings:

[Para el compás 4, use la misma progresión: dos compases para cada acorde, alternando el bajo de la quinta a la sexta cuerda:]

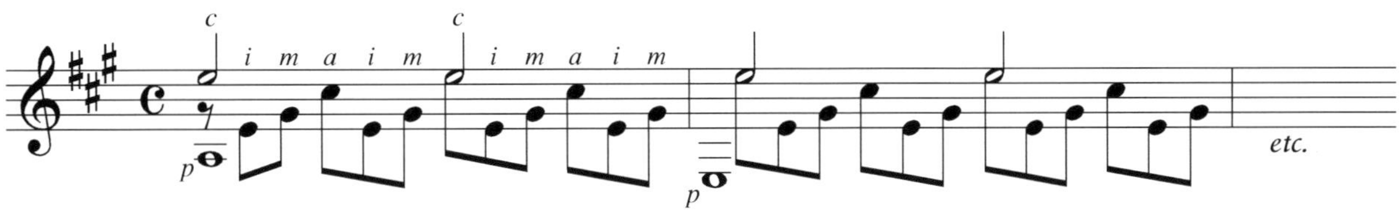

3. The right hand patterns of measures 9 & 20, combined, can be practiced:

[Se puede practicar combinando la digitación de los compases 9 y 20:]

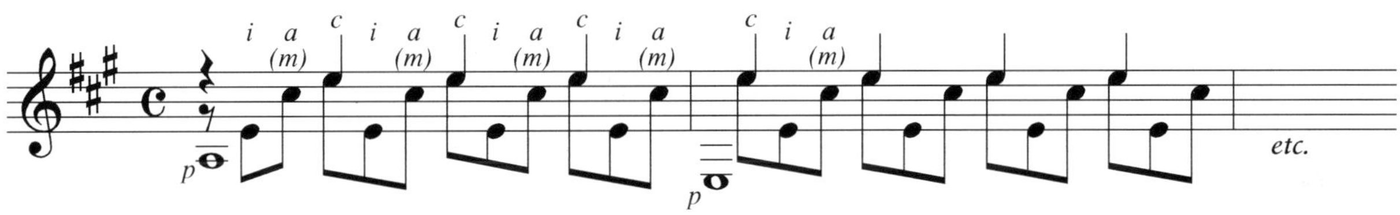

4. Measure 73 presents the problem of changing from the *Piac* pattern (#3, above) to *Pimc* (#1, above) and can be practiced:

[El compás 73 muestra el problema que surge al cambiar la digitación de *Piac* a *Pimc*. Revise los textos y ejercicios correspondientes a los nos. 3 y 1 respectivamente:]

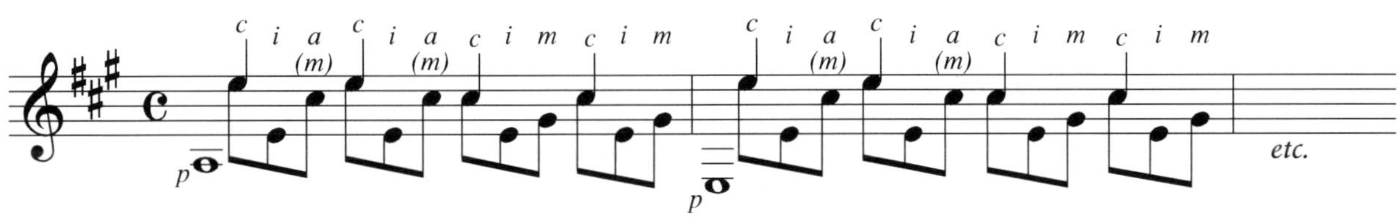

5. Practice the right hand pattern of measure 76, as follows:

[Practique el patrón para la mano derecha del compás 76:]

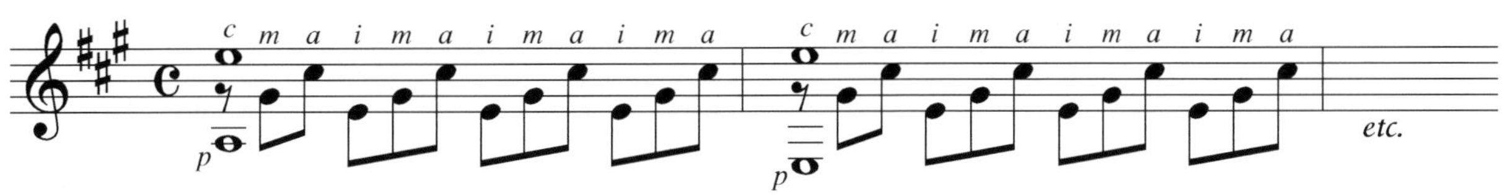

B. FERNANDO SOR – STUDY IN A MAJOR: OP. 31, NO. 19

(Segovia Edition #10)

1. Practice the five repeated notes pattern on a one-octave chromatic scale up and down each string — for example, on the first string:

   [Practique el patrón de cinco notas repetidas en una escala cromática de octava subiendo y bajando en cada cuerda. Por ejemplo, en la primera cuerda:]

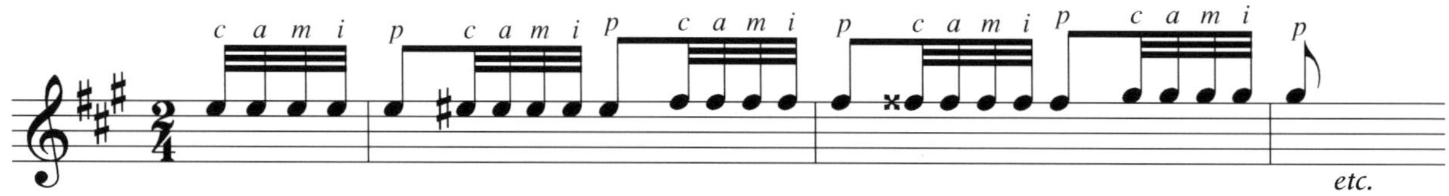

2. Next, use the progression for THUMB AND FOUR FINGERS (Ex. 1, page 29) to practice the main pattern, at the beginning:

   [Ahora use la progresión para EL PULGAR Y CUATRO DEDOS (Ej. 1, p. 29) para practicar el patrón principal, al principio:]

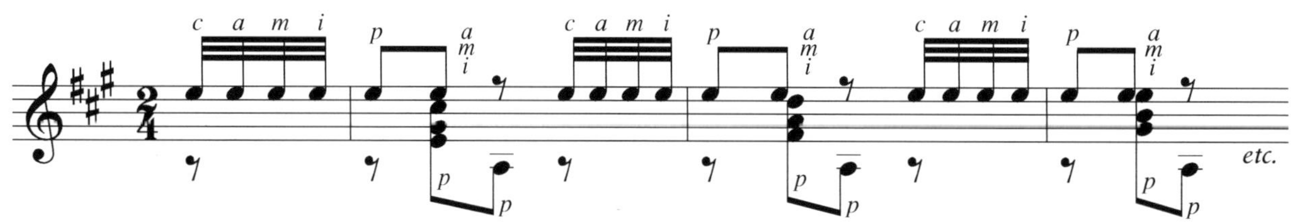

3.a. Use the same progression to practice measures *7* to 8:

[Use la misma progresión para practicar del compás *7* al 8:]

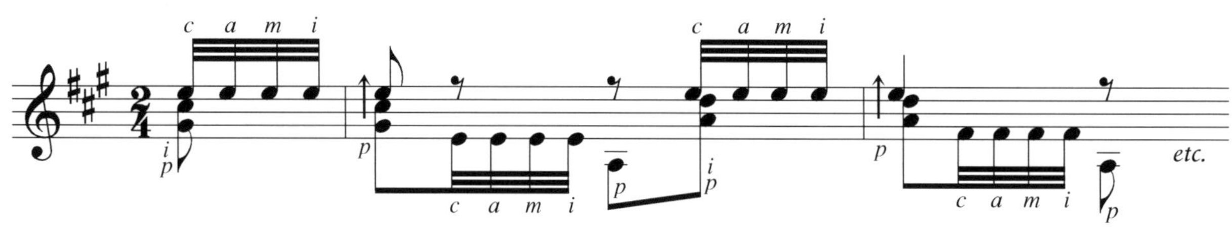

b. However, it would be better to first practice the end of measure *7* to the beginning of measure 8, using the progression for THUMB AND THREE FINGERS — *Pmac* (Ex. 4a, page 28):

[Sin embargo, sería mejor que al principio practicara del final del compás *7* al principio del compás 8, usando la progresión de EL PULGAR Y TRES DEDOS — *Pmac* (Ej. 4a, p. 28):]

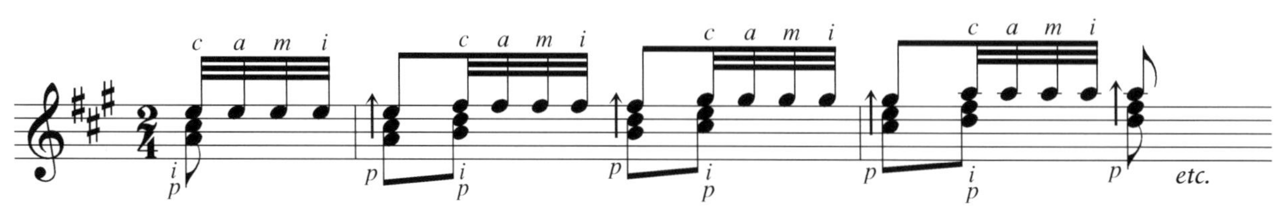

4. To prepare for the final 16 measures (40–55), use the A Major scale in thirds (up and down the first two strings) of THUMB AND TWO FINGERS — *Pac* (Ex. 6a, page 23), as follows:

[Para prepararse para los últimos 16 compases (40–55), use la escala de La mayor en terceras (subiendo y bajando por las dos primeras cuerdas) de EL PULGAR Y DOS DEDOS — *Pac* (Ej. 6a, p. 23), de la siguiente manera:]

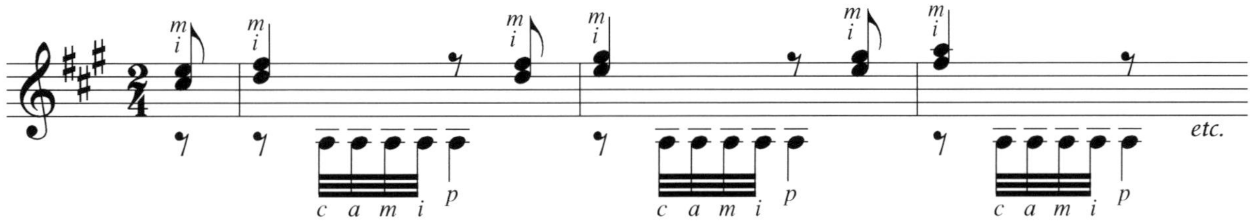

C. FEDERICO MORENO TORROBA — SONATINA: III. ALLEGRO

The third movement (Allegro) of the Torroba Sonatina, like the Sor Study in A Major (Op. 31, No. 19) presented in the previous section, features a pattern of five repeated notes, often followed by a chord. Torroba uses this pattern with great variety, and the many variations he presents place great demand on the right hand technique of the performer. Thorough practice of the exercises for the Sor Study in A Major provides a firm foundation on which to begin the preparatory exercises for the third movement of the Torroba Sonatina. Using the E Major progression for TREMOLO STUDIES (page 36), practice the following exercises as shown:

[El tercer movimiento (Allegro) de la Sonatina de Torroba, como el estudio de Sor en La mayor (Op. 31, No. 19) presentado en la sección anterior, incluye un patrón de cinco notas repetidas, seguidas con frecuencia por un acorde. Torroba emplea este patrón con una gran variedad. Estas variaciones requieren mucho de la técnica de la mano derecha del intérprete. La práctica de los ejercicios para el estudio de Sor en La mayor proveen una base para empezar los ejercicios preparatorios para el tercer movimiento de la Sonatina de Torroba. Practique los siguientes ejercicios siguiendo la progresión de Mi mayor para ESTUDIOS DE TRÉMOLOS (p. 36):]

1. Measures [compases] 1 & 2.

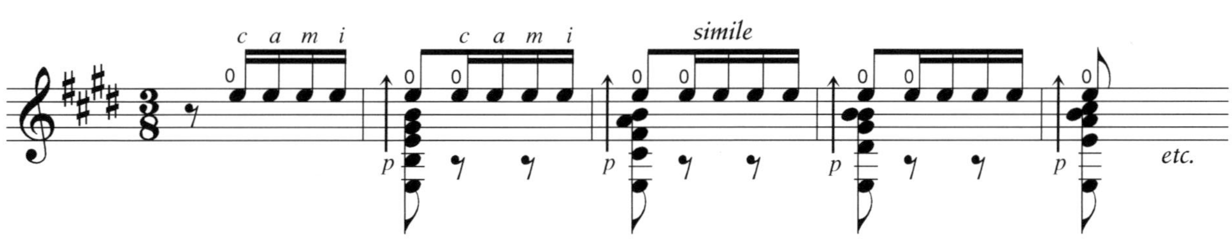

2. Measures [compases] 3–5.

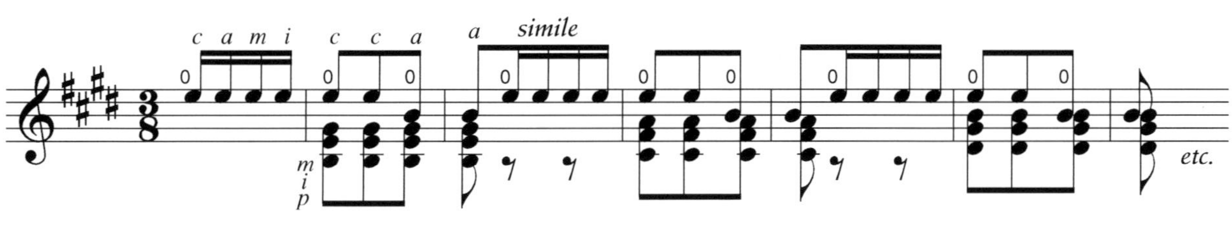

3. Moving from four repeated notes (*cami*) to a four note chord occurs in many places, with four variations that can be practiced as follows:

[En muchas piezas se va de *cami* a un acorde de cuatro notas, con cuatro variaciones que se pueden tocar de la siguiente manera:

a. On the first four strings (as in measures 21–22):

[En las primeras cuatro cuerdas como en los compases 21–22:]

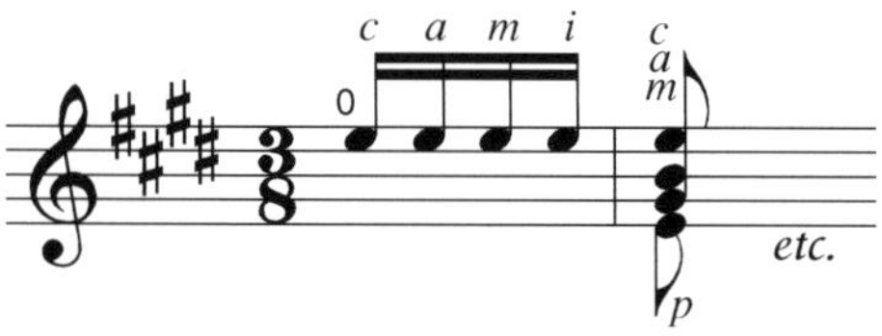

b. On the inner four strings (as in measures 151–154):

[En las cuatro cuerdas medias como en los compases 151–154:]

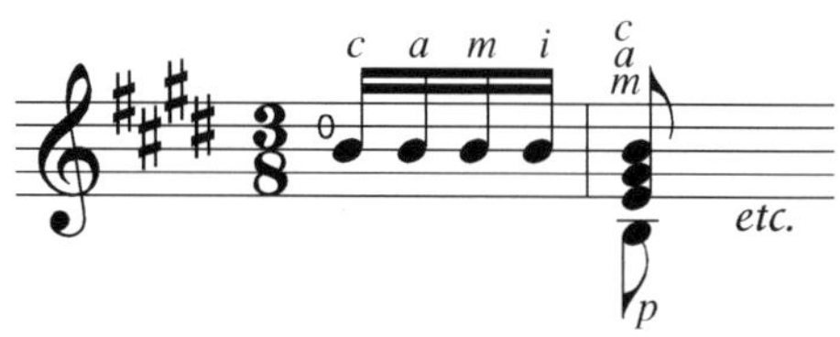

c. On the lower four strings (as in measures 29–30):

[En las cuatro cuerdas graves como en los compases 29–30:]

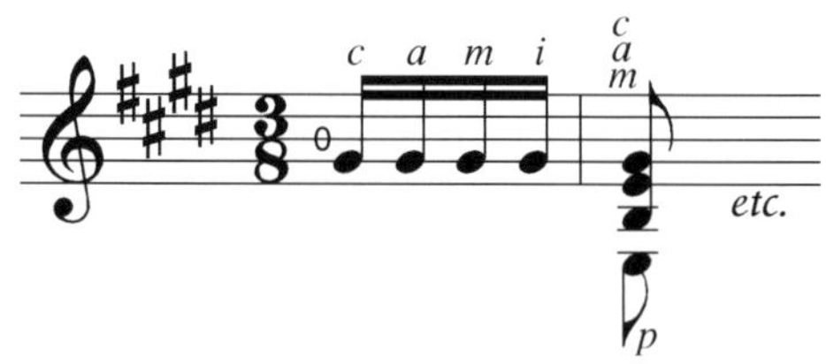

d. Exercises 3a, b & c can be combined as follows:

[Los ejercicios 3a, b y c se pueden combinar de la siguiente manera:]

e. The fourth variation occurs at measures 261–263 (10–12 measures from the end) and is best practiced on the progression for THUMB AND THREE FINGERS — *Pmac* (Ex. 4a, page 28), as follows:

[La cuarta variación toma lugar en los compases 261–263 (de 10 a 12 compases del final) y se practica mejor en la progresión para EL PULGAR Y TRES DEDOS — *Pmac* (Ej. 4a, p. 28), así:]

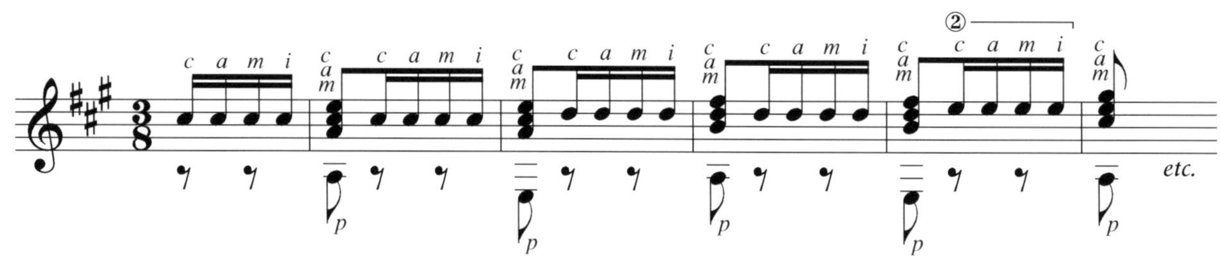

4. There are four places where the four repeated notes are played in the bass followed by a three note chord, the first time occurring at measures 25–26. This can be practiced with a scale in thirds in E major up and down the third and fourth strings with the open first string as a pedal (or, taking the first, third and fourth strings of the E Major progression used for Ex. 1, 2, 3a–d of this piece):

[Hay cuatro lugares donde las cuatro notas repetidas se tocan en el bajo seguido de un acorde de tres notas, la primera vez ocurre en los compases 25–26. Esto se puede practicar con una escala en terceras en Mi mayor subiendo y bajando por la tercera y cuarta cuerda con la primera cuerda al aire como un pedal fijo (o, tomando la primera, la tercera y la cuarta cuerda de la progresión en Mi mayor empleada en los Ejs. 1, 2, 3a, 3b, 3c, 3d de esta pieza):]

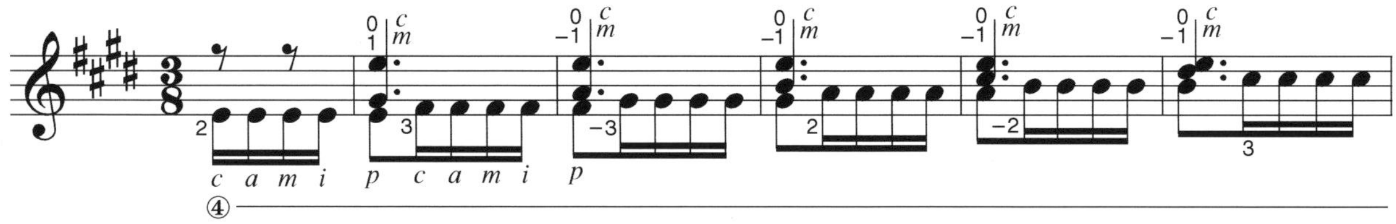

5. There are many instances in the guitar repertoire where a fast arpeggio pattern is followed by a four-note chord, requiring the final finger of the arpeggio to be repeated in the chord (in the four finger technique). This problem occurs at measures 52–53 and can be solved by using the little finger — practicing that pattern with the same progression used in Exercise 3e, above:

[Hay muchos casos en el repertorio de la guitarra donde un rápido arpegio es seguido por un acorde de cuatro notas, requiriendo que el último dedo del arpegio se repita en el acorde (en la técnica de cuatro dedos). Este problema surge en los compases 52–53 y se puede resolver usando el dedo meñique — practicando ese patrón con la misma progresión como en el Ejercicio 3e, presentado anteriormente:]

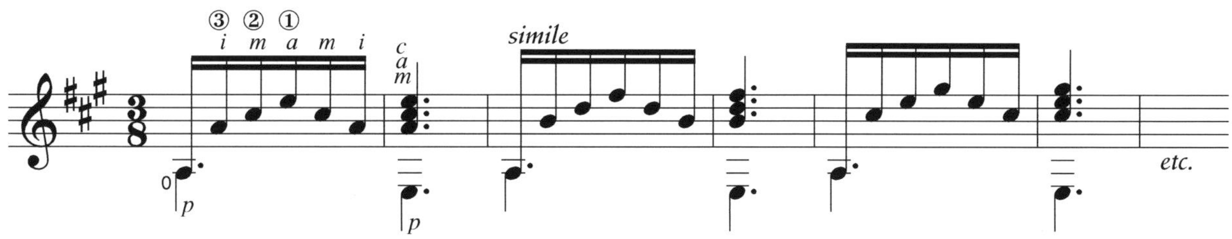

D. HEITOR VILLA-LOBOS — CHÔROS #1

The last problem in the Torroba Sonatina occurs frequently in Chôros #1 (beginning in the first two measures), except that the arpeggio ends with the highest note (played by the ring finger) leading to the chord. Using the little finger, in place of the ring finger, to play the highest note of the arpeggio will solve this problem. It can be practiced on the progression for THUMB AND THREE FINGERS — *Pmac* (Ex. 4a, p. 28), as follows:

[El último problema en la Sonatina de Torroba surge frecuentemente en Chôros No. 1 (empezando en los dos primeros compases), excepto que el arpegio termina con la nota más alta (tocado con el dedo anular) precediendo al acorde. Este problema se puede resolver usando el dedo meñique para tocar la nota más alta del arpegio. También se puede practicar usando la progresión para EL PULGAR Y TRES DEDOS — *Pmac* (Ej. 4a, p. 28):]

E. HEITOR VILLA-LOBOS – PRELUDE #2

The middle section of this piece is an excellent study for the use of all five fingers of the right hand. Use the TREMOLO STUDIES progression (p. 36) for the following four exercises:

[La sección media de esta pieza es un excelente estudio para el uso de los cinco dedos de la mano derecha. Use la progresión de los ESTUDIOS DE TRÉMOLOS (p. 36) para los siguientes cuatro ejercicios:]

1. Practice measure 1 as follows [Practique el compás no. 1 que sigue]:

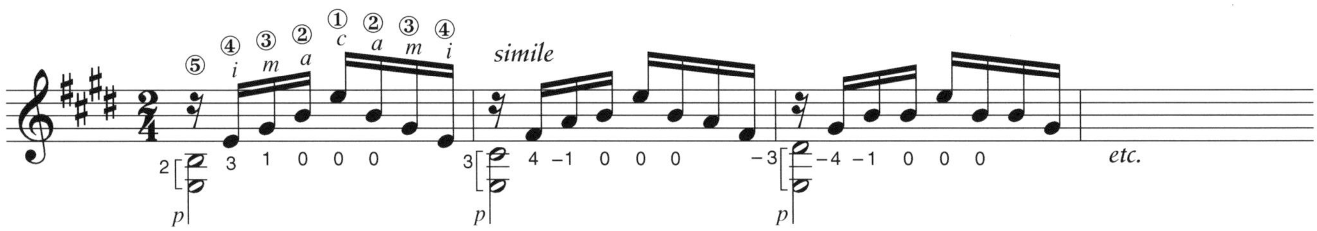

2. Practice measures 1 & 2 as follows [Practique los compases 1 y 2 que siguen]:

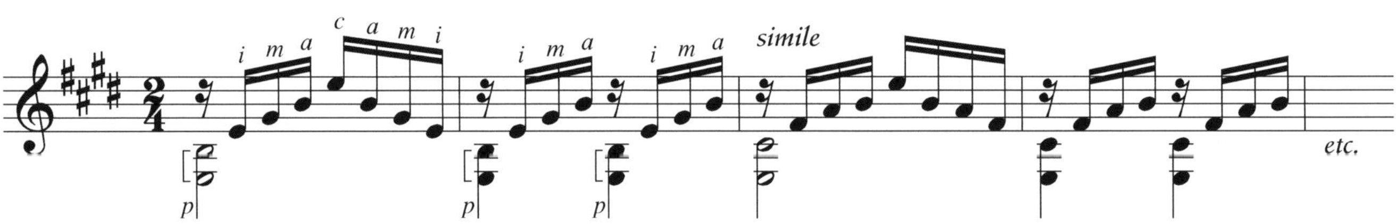

3. Practice measures 5 & 6 as follows [Practique los compases 5 y 6 que siguen]:

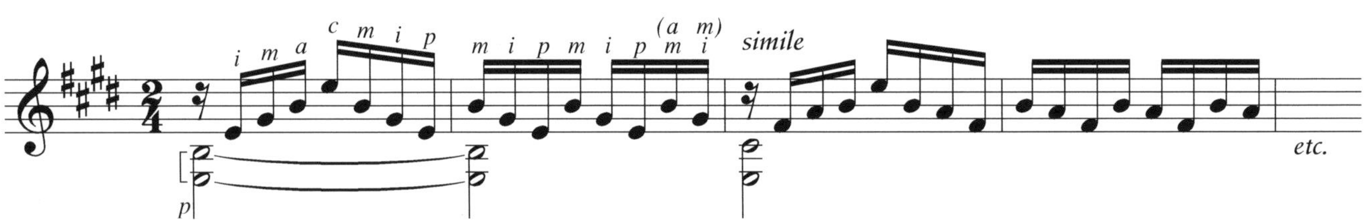

4. Practice measures 3 – 6 as follows [Practique los compases 3 a 6 que siguen]:

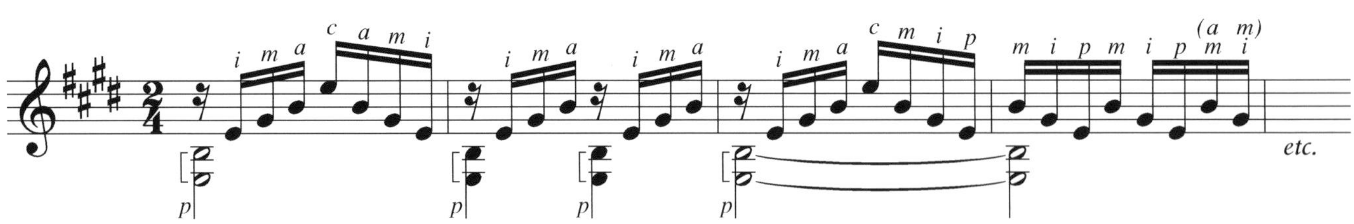

VI. CHROMATIC VARIATIONS OF PROGRESSIONS

(PROGRESIONES EN VARIACIÓN CROMÁTICA)

After thoroughly learning the progressions for each exercise (or group of exercises), and after many repetitions, the guitarist may wish to alter the progressions in a manner that will retain the interest of both the ear and the mind. The left hand should be automatic in its function so as to not interfere with the objective of these studies – the training of the right hand. Therefore, **the following alterations should not be attempted until the standard ones already given in each section sound so familiar that the guitarist wishes to hear something more interesting than the original diatonic progressions**. The chromatic variations shown below will renew the interest in studying these exercises and continue the development of the right hand — a never ending process. I will present variations of the first and last progressions used in this book, in both tablature and staff notation, and leave it up to the guitarist to similarly alter the other progressions, if so desired. Begin with the progressions used in **STUDIES FOR THE THUMB AND ONE FINGER** (pages 17–18):

[Después de aprenderse las progresiones para cada ejercicio (o grupo de ejercicios) a fondo, y después de muchas repeticiones, quizás el guitarrista desee alterar estos ejercicios para que resulten más interesantes. La función de la mano izquierda debe de ser automática para no interferir con el objetivo de estos estudios—el entrenamiento de la mano derecha. Por consiguiente, **no se deben de intentar las siguientes alteraciones hasta que los patrones ya presentados en cada sección le vengan tan automáticamente que le impulsen al guitarrista a querer escuchar algo más interesante que las progresiones diatónicas originales.** Las variaciones cromáticas en esta sección renovarán el interés en estudiar estos ejercicios y continuará el desarrollo de la mano derecha—un proceso que nunca acaba. Mostraré variaciones para las primeras y las últimas progresiones incluidas en este libro, en tablatura y en pentagrama, y le dejaré al guitarrista que haga las alteraciones a las otras progresiones de manera similar, si así lo desea. Empezaremos con las progresiones usadas en **ESTUDIOS PARA EL PULGAR Y UN DEDO** (pp. 17–18):]

Chromatic variation of Exercise 1a, page 17:

[Variación cromática del Ejercicio 1a, p.17:]

Chromatic variation of Exercise 2a, page 18:

[Variación cromática del Ejercicio 2a, p.18:]

Chromatic variation of Exercise 3a, page 18:

[Variación cromática del Ejercicio 3a, p.18:]

Chromatic variation of Exercise 4a, page 18:

[Variación cromática del Ejercicio 4a, p.18:]

Chromatic variation of the A Major progression used in **STUDIES FOR THE THUMB AND FOUR FINGERS** (Ex. 1, page 29):

[Variación cromática de la progresión en La mayor usada en **ESTUDIOS PARA EL PULGAR Y CUATRO DEDOS** (Ej. 1, p. 29):]

Chromatic variation of the E Major chord progression used in **STUDIES FOR THE THUMB AND THREE FINGERS** – *Pima* (Ex. 1a, page 24) and *Pimc* (Ex. 2a, page 26), **TREMOLO STUDIES** (page 36) and **DEVELOPING THE MELODY FINGERS** (page 40):

[Variación cromática de la progresión de acordes en Mi mayor usada en **ESTUDIOS PARA EL PULGAR Y TRES DEDOS** – *Pima* (Ej. 1a, p. 24) y *Pimc* (Ej. 2a, p. 26), **ESTUDIOS DE TRÉMOLOS** (p. 36) y **EL DESARROLLO DE LA FUNCIÓN MELÓDICA DE LOS DEDOS** (p. 40):]

At times, when working on a piece of music with the sixth string tuned to D, the guitarist may wish to practice some of the exercises in this book (or some exercises invented for specific pieces). A six-string chord progression in D Major is given below, followed by its chromatic variation:

[A veces, cuando se trabaja con una pieza musical con la sexta cuerda afinada en Re, es posible que el guitarrista desee practicar algunos de los ejercicios en este libro (o algunos que se haya inventado para piezas específicas). Aquí se presenta una progresión de acordes para seis cuerdas en Re mayor, seguida de su variación cromática:]

PROGRESSION IN D MAJOR

(PROGRESIÓN EN RE MAYOR)

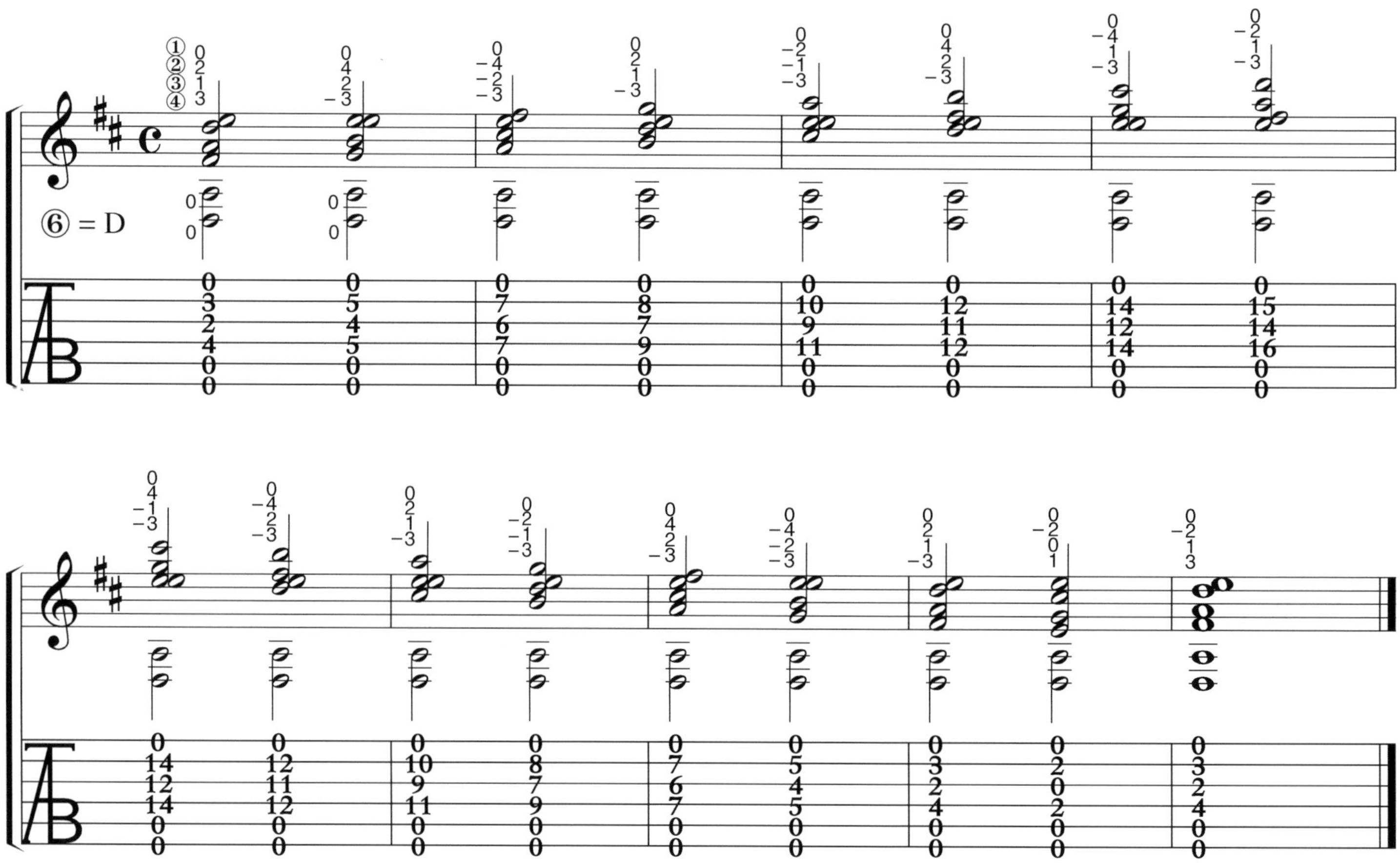

CHROMATIC VARIATION OF PROGRESSION IN D MAJOR

(VARIACIÓN CROMÁTICA DE LA PROGRESIÓN EN RE MAYOR)

While this book ends here, there is no conclusion to right hand development. It is hoped that the ideas and exercises in this work present a basis for the guitarist to continue the never–ending improvement of right hand technique.

[Aunque este libro termine aquí, no hay ninguna conclusión sobre el desarrollo de la mano derecha. Se espera que las ideas y los ejercicios en esta obra presenten una base para el guitarrista en el proceso inacabable de mejorar la técnica de la mano derecha.]

Charles Postlewate
October, 1999